Paul von Eitzen

Christliche Unterweisung wie von den zweien Artikeln christlicher Lehre und Glaubens

Paul von Eitzen

Christliche Unterweisung wie von den zweien Artikeln christlicher Lehre und Glaubens

ISBN/EAN: 9783743653580

Hergestellt in Europa, USA, Kanada, Australien, Japan

Cover: Foto ©Lupo / pixelio.de

Weitere Bücher finden Sie auf **www.hansebooks.com**

Christliche
Unterweisung / wie
von den zweien Artickeln Christlicher
Lehr vnd Glaubens / von Göttlicher Außuersehung / vnd vom Heiligen Abendmal vnsers lieben HErrn JEsu Christi / aus warem grunde
Göttliches Worts / zu beweisung der lauteren
Warheit / gegen allerley Secten vnd Irthume /
könne bescheidentlich / ohne ergerliche Ge-
zencke / Sprach gehalten
werden.

Paulus von Eitzen D.
Der Elter.

Getrücket zu Schleßwig / durch
Nicolaum Wegener.

ANNO M. D. LXXXVIII.

Dem Hochwürdig-
sten Durchleüchtigen Hochgebornen
Fürsten vnd Herrn / Herrn IOHANS
ADOLFF, Postulerten vnd Erwelten Bischoff der Ertz vnd Stiffte zu Bremen vnd Lübeck / Erben zu Norwegen / Hertzogen zu Schleßwig / Holstein / Stormarn / vnd der Dithmarschen / Graffen zu Altenburg / vnd Delmenhorst / meinem gnedigsten Fürsten
vnd Herrn.

Hochwürdigster / Durchleüchtiger Hochgeborner Fürst Gnedigster Herr / E. F. G. sind meine vnterthenigste dienste vnd andechtig Gebett allezeit beuorn / Gnedigster Fürst vnd Herr / Es beweiset (leider) die erfarung / das die gefehrliche ergerliche Irthume / besondern von der Göttlichen Erwelung / vnd vom allerheiligsten Abendmall vnsers lieben Herrn JEsu Christi / immer von Tage zu Tage den Sechsischen Kirchen neher komen. Derhalben habe ich vmb der lieben Jugend willen / Eine Christliche Vnterweisung von diesen zweien Ar-

A ij   tickeln

tickeln / aus dem lautern Wort
satz Menschlicher gedancken / a
tigst gefasset / wie durch hülff d
stes / aus warem grund Göttli
warheit der reinen Lere vnd gl
Artickeln könne beweiset / vnd
Menschlicher vernunfft vmbg
Vnd E. F. G. habe ich diesen Ei
in vnterthenigkeit dedicert / weil
uersicht zu Gott dafür halte /
dern willen Gottes / E. F. G.
löblichstem Christlichstem Küni
stlichem Stam / bey welchem
Christlichen Glaubens / in all
vnuerendert vnd vnuerfelschet /
Reformerten Religion biß au
Tag / durch sonderliche gnade
ret vnd behalten / zu dem Hoch
vnd Bischofflichem Stande sei
das seine Göttliche Barmher
folgenden letzten zeiten / durch
tes wolle schaffen / zu erhaltun
derselbigen warer reiner Lehre
darinnen E. F. G. von Jugend
vnd Christlichen erzogen vnd

Derhalben wollen ja E. F. G. nimmermehr aus jhrem Hertzen vergessen/ das Heilig Christlichst vnd Hochlöblichst Exempel/ des Weiland Durchleüchtigen Hochgebornen Fürsten vnd Herrn/ Herrn *ADOLFFEN*, Erben zu Norwegen/ Hertzogen zu Schleßwig/ Holstein/ etc. E. F. G. Hertzallerliebsten Herrn Vaters/ Christseliger vnd heiliger Gedechtniß/ meines gnedigen Fürsten vnd Herrn/ desses Gott selige Hochstlöbliche F. G. die gantze zeit seiner Fürstlichen Christlichen Regierung vnd Lebens/ nichts höhers sich haben lassen angelegen sein/ als die bewarung reiner warer Christlicher Religion vnd Lere/ wie dieselbige aus dem rechten fundament Göttliches Worts in der Augßpurgischen Confession/ vnd im Heiligen Catechismo Lutheri/ wider allerlei Secten vnd Irthume ist verfasset: In welcher reiner Göttlicher Lere des Christlichen glaubens/ seine F. G. seliglichen im Herrn Jesu sein entschlaffen/ vnd E. F. G. zusampt derselbigen allerliebsten Herrn Gebrüdern/ die Veterliche Göttliche Christliche Vermanung vnd Exempel nachgelassen/ bey vnd in derselbigen waren reinen Lere vnd Glauben/ auch also bestendiglichen/ durch die Krafft vnd

A iij   hülffe

hülffe des heiligen Geistes zubleiben. Als dann auch nicht kan gnugsam werden fur Gott vnd der gantzen Christenheit gerühmet/ wie der werdige heilige Geist/ in dem auch Durchleüchtigen Hochgebornen Fürsten vnd Herrn/ Herrn *FRIDERICHEN*, Erben zu Norwegen/ Hertzogen zu Schleßwig/ Holstein/ etc. E. F. G. hertzliebsten Herrn Gebrüdern/ meines auch gnedigen Fürsten vnd Herrn Hochstlöblicher heiliger gedechtniß/ die krafft solcher Göttlichen Veterlichen Vermanung vnd Exempels/ wircklichen biß in seiner F. G. gleichformigen heiligen Abscheid hat beweiset/ durch ware Bekentniß derselbigen Christlicher Lere vnd glaubens. Dan in derselbigen reinen waren Lehre Christliches glaubens (sprachen seine F. G. bald fur dem seligen Abscheidt) bin ich Gott lob vnd danck/ von meinem hertzallerliebsten Gottseligen Herrn Vater/ vnd meiner hertzallerliebsten Fraw Mutter erzogen/ Vnd habe von Jugend auff den Catechismum Lutheri gelernet/ in dem Glauben wil ich mit Gottes hülff leben vnd sterben/ als es meinem lieben Herrn Jesu Christo wolgefellet/ des gnedigem willen ich mich in seine hand befohlen habe. Gnedigster Fürst vnd Herr neben
diesen

diesen heiligen Exempeln hat der liebe Gott in Hochstgedachtem Küniglichem vnd Fürstlichem Christlichstem Stam/ E. F. G. mehr dergleichen heilige Exempel fürgestellet/ Der Weiland Durchleüchtigsten Großmechtigen Durchleüchtigen Hochgebornen Fürsten vnd Herrn/ Herrn FRIDRICHEN des Ersten/ E. F. G. Herrn Großuatern/ Herrn CHRISTIANS des Dritten/ E. F. G. Herrn Vettern/ beide Künige zu Dennemarcken/ Norwegen etc. Herrn FRIDRICHEN Bischoffen zu Hildeßheim vnd Schleßwig/ Herrn IOHANS des Eltern auch beiden E. F. G. Herrn Vettern/ alle Erben zu Norwegen/ Hertzogen zu Schleßwig/ Holstein etc. hochstlöbligster Christlicher vnd heiliger Gedechtniß/ derer Künig. Maiesteten vnd F. G. alle dieselbige reine ware Lehre Christliches glaubens bis in jhren Seligen vnd heiligen Abscheidt haben bewaret vnd gehanthabet/ vnd sind darinnen Seliglichen im Herrn JEsu Christo entschlaffen. Solcher heiligen Exempeln wollen E. F. G. nimmermehr vergessen/ Sondern denselbigen durch hülff Göttlicher gnaden bestendiglichen nachfolgen.

Dazu

Dazu der getrewe Gott vnd HErr Jesus Christus E. F. G. seinen Heiligen Geist gnediglichen verliehe / zu Christlicher glückseliger lange Regierung / vnd zu zeitlicher vnd Ewiger wolfart / Amen.   Datum Schleßwig / 19. Januarij.   Anno 88.

    E. F. G.

        Vntertheniger Diener
        Paulus von Eitzen der
            Elter.

Christlicher Einfeltiger vnterricht wie von der Göttlichen Außuersehung oder *prædestination*, konne bescheidentlichen aus warem grund vnd fundament Göttliches Wortes Sprach gehalten werden.

Vrs erst muß der Haubtpunct des streits vnd *disputation* in diesem Artickel klerlich gesetzt werden/ Vnd ist der Haubtpunct dieser.

Ob in Gott vber vnd wider das offenbarte vnd in der heiligen Bibel Göttlicher Schrifft geschrieben Euangelium/ noch ein ander heimlicher Rath/ vnd verborgen wille sey von der Außuersehung vnd erwelung/ dadurch Gott etliche Menschen habe zur verdamnus außuersehen/ das sie nicht sollen selig sondern verdammet werden/ darumb auch solche Menschen zur Seligkeit nicht kommen können.

Von diesem Haubtpunct werden in diesem Artickel zwo Lere gegen einander geführet/ welche zugleich nicht können war sein/ Sondern muß

muß die eine war vnd recht / die ander abe[r]
falsch vnd vnrecht sein.

Die eine Lere ist diese / das in Gott nich[t]
ist ein ander heimlicher Rath vnd verborge[ner]
wille von der Außuersehung vnd Erwelung de[r]
Menschen wider vnd gegen den Rath vnd wi[l]len / So vns durch den Sohn Gottes vnser[n]
HErrn Jesum Christum aus dem Schoß ode[r]
Hertzen des Vaters / vnd durch den Heilige[n]
Geist aus der tieffe der Gottheit im Heilige[n]
Euangelio ist offenbaret / vnd in Göttliche[r]
Schrifft der Heiligen Bibel geschrieben ist.

Die ander Lere ist das Gott ober vnd ge[-]
gen diesen seinen Rath vnd willen so im Heilige[n]
Euangelio ist offenbaret / noch einen ander[n]
heimlichen verborgenen Rath vnd willen habe[/]
dadurch er etliche Menschen zur verdamnus ha[-]
be von ewigkeit auszuersehen / darumb sie nich[t]
konnen selig werden.

Hie mus nicht aus Menschlicher vernunf[t]
oder aus Menschen gedancken vnd Schrifften[/]
Sondern aus dem lauteren klaren Wort Got[-]
tes gesucht werden / welche Lere von diesen zw[e]en die Göttliche warheit ist / darauff vnser
Glaube festiglich wider alle anfechtung best[e]
hen

hen / vnd gewissen Trost der Seligkeit daraus
fassen vnd halten konne. Dann daran ist vns
auffs höhest gelegen/ auff das vnsere Glaube
nicht bestehe auff Menschen weißheit/ sondern
auff Gottes warheit vnd krafft/ 1. Cor. 2.

Gewisse fundamente vnd grunde
Göttliches Worts in Heiliger Schrifft/ das die Erste Lere von der Göttlichen *prædestination*, Außuersehung vnd Erwelung warhafftig vnd Recht sey.

DER Sohn Gottes vnser HErr JEsus Christus der die warheit selbst ist/ hat diesen Rath vnd willen Gottes zu allen Menschen/ aus dem Schoß oder Hertzen des Vaters offenbaret/ Johan. 3. Also hat Gott die Welt geliebet/ das Er seinen einigen Sohn gab/ auff das alle die an ihn gleüben nicht verloren werden/ sondern das Ewige Leben haben. Denn Gott hat seinen Sohn nicht gesendet in die Welt das Er die Welt richte/ sondern das die Welt durch ihn selig werde.

Gleicherweiß hat auch der Heilige Geist

der ein Geist der warheit ist / aus der tieffe d[er]
Gottheit diesen Rath vnd willen Gottes offe[n]
baret durch den Heiligen Apostel Paulum 1. T[i]
moth. 2. Gott wil das allen Menschen geho[l]
fen werde / vnd zu erkantnuß der warheit kom[=]
men / dan es ist ein Gott vnd ein Mittler zw[i]
schen Gott vnd den Menschen / Nemblich / d[er]
Mensch Jesus Christus / der sich selbst gegebe[n]
hat fur alle zur Erlösung.

In diesen Euangelischen offenbarunge[n]
des Raths vnd willens Gottes / stehen die
Wort. WELT / vnd ALLE Menschen, we[l]
che Wort ja nicht allein etliche Menschen / so[n]
dern alle Menschen bedeuten / Wie dann au[ch]
diese Wort also in Göttlicher Heiliger Schrif[t]
von allen Menschen gedeutet vnd ausgele[gt]
werden.   Nemlichen.

Im Ersten Buch Mosis. In Abraham[s]
Samen (welcher ist Christus) sollen gesegne[t]
werden Alle Geschlecht der Erden.

In der Ersten Epistel S. Johannis im a[n]
dern Capittel. Jesus Christus ist die versönun[g]
fur onser Sünde / vnd nicht allein fur die vns[e]
re / sondern auch fur der gantzen Welt.

Der Tauffer Johannes saget /

Sihe das ist das Lamb Gottes welch der Welt Sünde tregt.

Mit diesen Euangelischen Sprüchen stimmet oberein die Eichung des HErrn Jesu Christi des Sohns Gottes Matth. im Eifften Capittel. Kommet zu Mir Alle die jhr bemühet vnd beladen seid / Ich wil Euch erquicken.

Vnd auch der befehl JEsu Christi von der Predige des Heiligen Euangelij. Gehet hin in die gantzen Welt / vnd prediget das Euangelium aller Creaturen / Leret alle Völcker vnd Tauffet sie im Namen des Vaters / vnd des Sohnes / vnd des heiligen Geistes / etc.

Der befehl Jesu Christi des Sohns Gottes vnsers lieben HErrn vnd Seligmachers ist nicht dahin gerichtet vnd gemeinet / das Gott durch einen heimlichen verborgenen Rath vnd willen wolle das allein etliche Menschen sollen dem Euangelio gleüben vnd selig werden / Etliche aber nicht sollen gleüben vnd selig werden / Sondern das alle Menschen dem Euangelio gleüben vnd durch den glauben selig werden solten / Wie Johannis im Ersten Capittel von der Predigt des Teüffers Johannis stehet geschrieben.

B iij   Es

Es ward ein Mensch von Gott gesand d[er]
hieß Johannes / derselbige kam zum Zeügniß
das er von dem Liechte zeügete / das sie al[le]
durch jhn gleübeten / Dan (sagt S. Paulus)
Gott wil das allen Menschen geholffen werde[n]
vnd zur Erkenteniß der warheit kommen. 1. T[i]-
mo. 2. Vnd zun Colloss. im Andern Capittel
Christus ist die hoffnung der herligkeit / den w[ir]
verkündigen / vnd ermanen alle Menschen / vn[d]
leren alle Menschen / auff das wir darstellen e[i]-
nen jeglichen Menschen volkomen in Christo J[e]-
su / daran ich arbeite vnd ringe nach der wirc[k]-
ung die in mir krefftiglich wircket.

 Wer dann gegen vnd wider diese offenba[-]
rung des Sohns Gottes / der die warheit selb[er]
ist / vnd vom Himelschen Vater vns ist befohle[n]
vom Himel herab / das wir jhn hören sollen / vn[d]
gegen vnd wider diese offenbarung des Heilige[n]
Geistes / der ein Geist der warheit ist / vnd in a[l]-
le warheit leitet / noch einen andern heimliche[n]
verborgenen Rath vnd willen Gottes von de[r]
ewigen Außuersehung vnd Erwelung der Me[n]-
schen tichtet / der straffet diese offenbarungen
mit dem gantzen Euangelio Göttlicher Bibl[i]-
scher Schrifft für lügenhafftig / das ist / Er ha[l]-
tet i[hn]

tet in seinem Hertzen vnd gedancken / den warhafftigen Gott / der nicht liegen oder betriegen kan / fur einen Lügener vnd Betrieger in seinem Wort vnd heiltgem Euangelio / Dann also vrtheilt vnd redet der Heilige Geist selbst durch den Heiligen Apostel Johannem / Der Gott nicht gleubet der macht jhn zum Lügener / 1. Johan. 5. Dan mit Worten reden / schreiben vnd zusagen / Aber dagegen im Hertzen andere meinung vnd willen verborgen vnd heimlich verdeckt halten / das ist / Ja sagen vnd schreiben / aber im Hertzen Nein meinen / solchs ist Lügeners vnd Betriegers eigenschafft: art vnd weise.

Müssen derhalben auch klare Sprüche der heiligen Göttlichen schrifft furgebracht werden / damit Gott selbst durch sein Wort solche ertichtete Lere vom heimlichen verborgenen Rath vnd willen seiner ewigen *prædestination* vnd Außuersehung / gegen vnd wider den offenbarten Rath vnd willen / das ist / gegen vnd wider das Heilige Euangelium / witerleget vnd straffet.

Zum Ersten haben wir die beschreibung der Schöpffung im Ersten Capittel des Ersten Buchs Mosis / da der Heilige Geist den Rath der Allerheiligsten Dreifaltigkeit von der Schöpffung der Menschen durch den Heiligen Mosen

sen offenbaret mit diesen Worten. Vnd Go[tt]
sprach/ Lasset ons Menschen machen/ Ein Bil[d]
das ons gleich sey. Darauff folget. Vnd Got[t]
schuff den Menschen ihm zum Bilde/ zum Bil[d]
Gottes schuff Er ihn/ Vnd er schuff sie ein Me[n]
lein vnd ein Frewlein.

 Das ist der Rath der Heiligen Göttliche[n]
Dreyfaltigkeit von der Schöpffung der Men
schen/ darin diese Wort nicht ohne besondere v[r]
sachen dreymal widerholet werden. Nemliche[n]
zum Ersten. Lasset vns Menschen machen/ Ei[n]
Bild das vns gleich sey. Zum Andern/ Got[t]
schuff den Menschen ihm zum Bild. Zum drit
ten/ zum Bild Gottes schuff er in/ vnd er schu[ff]
sie ein Menlein vnd ein Frewlein. Darauff da[nn]
der beschluß von den Wercken der Schöpffung
folget im selben Capittel. Vnd Gott sahe a[n]
alles was Er gemacht hatte/ vnd sihe/ Es wa[r]
sehr gut.

 Welcher Christen Mensch wil oder ka[n]
dan so vergessen sein/ das er vber vnd wider die
sen Göttlichen Rath der Heiligen Dreyfaltig
keit/ von der Menschen Schöpffung/ welche[r]
also durch den Heiligen Geist in Gottes Wor[t]
der Heiligen Schrifft ist offenbaret/ noch eine[r]
         anderi

andern heimlichen vnd verborgenen Rath vnd willen in dem allerliebsten Gott aus eigenem fur witz ertichte / Nemlichen das der fromme liebe Gott habe in seiner praedestination oder Auß uersehung von ewigkeit diesen fursatz gehat / das Er etliche Menschen wolte erschaffen zur Sünde vnd verdamnis / das sie von der zusage der gnaden in Christo Jesu vnd von der seligkeit ausgeschlossen vnd verworffen sein solten.

Es muß ja ein Menschlich hertz zittern vnd erschrecken wan es also höret oder dencket wider den heiligen Artickel vnd Lere von der Göttlichen Heiligen Schöpffung / Derhalben wann ein Christ sonsten nichts mehr hette wider vnd gegen die ertichtete Ausuersehung Gottes vber etliche Menschen zur Ewigen verdamnis / als diese Offenbarung des heiligen Geistes vom Artickel der Schöpffung / hette er ja gnug daran solchem Irthumb zu wiedersprechen / vnd mit Gottes hülff in warem glauben vnd Anruffung Gottes sich dafur zu hüten.

Zum Andern haben wir den thewren Eidt des lieben warhafftigen Gottes im 33. Capittel des Propheten Ezechielis. So war als ich lebe spricht der Herr Herr / Ich habe keinen gefallen an

len am Tode des Gottlosen/ sondern das sich
Gottlose bekere von seinem wesen/ vnd lebe. E
bekeret Euch doch nu von ewrem bösen wese
warumb wolt jhr sterben/ Jhr vom Ha
Israhel.

Wie kan der fromme getrewe Gott sel
vom Himel herab diese Lere vom ertichteten he
lichem verborgenen Rath vnd willen seiner pr
destination vnd Erwelung/ dadurch Er etli
Menschen solle zur verdamniß haben ausuer
hen/ das sie nicht sollen selig werden/ har
straffen vnd verbannen/ Als das er diesen the
ren Eidt dagegen schweret bey seinem eigen
ben/ das ist/ bey sich selbst/ Nemblichen/ E
warlich Jch ein lebendiger Gott bin/ so ist sol
Lere ertichtet/ vnd ist falsch vnd lügen. Dan
warlich Jch ein Lebendiger Gott bin/ habe
kein gefallen am Tode des gottlosen/ sonde
das er sich bekere vnd lebe. Vnd diese W
(Gott hat kein gefallen am Tode des Gott
sen/ sondern das er sich bekere vnd lebe) erkle
vnd deutet der Apostel S. Petrus durch d
Heiligen Geist also. Gott wil nicht das jema
verlorn werde/ sondern das sich jederman z
Busse kere/ 2. Petri 3. Vnd S. Paulus/ G
wil das allen Menschen geholffen werde vnd
Erke

Erkentniß der warheit komen. Denn es ist ein Gott vnd ein Mittler zwischen Gott vnd den Menschen / Nemlich / der Mensch Jesus Christus / der sich selbst gegeben hat fur alle zur Erlösung.

Hat dan Gott kein gefallen am Tode des Gottlosen / vnd wil nicht das jemandt verlorn werde / sondern hat ein wolgefallen vnd willen daran / das jederman müge bekeret werden vnd leben / So hat ja der fromme getrewe allerliebste Gott niemand zur Sünde vnd verdamniß oder ewigem Tode ausuersehen vnd erschaffen / sondern des Gottlosen verdamnis kompt vom Teuffel vnd aus jhm selbst / Wie derhalben der liebe Gott bey diesem Eide selbst spricht zum volck Israhel. Warumb wollet jhr sterben jhr vom Hause Israhel. Welchs der Son Gottes vnser HErr Jesus Christus also auslegt zu den Gottlosen Jüden Johan. 5. Yhr wollet nicht zu mir komen das jhr das Leben haben mochtet. Vnd Johan. 8. Ir seid von dem Vater dem Teuffel / vnd nach ewres Vaters lust wolt jhr thun. Vnd Matth. 23. Jerusalem Jerusalem wie offt habe ich deine Kinder versamlen wollen / wie eine Henne versamlet jhre Küchlein vnter jhre Flügel / vnd jhr habt nicht gewolt.

C ij Auff

Auff diesen Eidt Gottes können alle f...
me Prediger vnd Christen / gegen vnd wider d...
jenigen / so die ertichtete Lere von dem heimliche...
verborgenen Rath vnd willen Gottes / wied...
das geoffenbarte Wort des Heiligen Euangel...
vortedingen wollen / mit guter conscientien au...
schweren / vnd mit jhrem Eidt dieselbigen str...
sen / vnd verfürete oder verwirrete Conscienti...
vnd Hertzen vnterrichten vnd trösten / also. S...
warlich als der liebe getrewe Gott ein lebendig...
Gott ist / so ist solche Lere von dem ertichtete...
heimlichem Rath vnd willen Gottes gegen vn...
wieder das geoffenbarte Euangelium falsch vn...
vnrecht / Dan gleich wie Gott sich selbst nic...
kan leügnen / 2. Tim. 2. Also kan Er auch dies...
seinen Eid den Er bey sich selbst geschwore...
hat nimmermehr in Ewigkeit leügnen. Nen...
lich: So war als ich lebe spricht der HErr HE...
Jch habe keinen gefallen am Tode des Gottl...
sen / sondern das sich der Gottlose bekere von se...
nem wesen vnd lebe. Auff welchen Eidt dan
Gott einen jedern Menschen also anspricht vn...
erinnert. Warumb wolt jhr dan sterben?

Hiemit solt billich die gantze disputatio...
auffgehoben vnd geendiget sein / nach de...
Spruc...

Spruch zun Hebreern im 6. Capittel. Der Eidt machet ein End alles haders. Derhalben sol ja bey vñ onter allen Christē der eidt des lebendigen warhafftigen Gottes aller disputation ende machen / in Religions vnd glaubens sachen / vnd solten billich gegen vnd wieder den thewren Eidt Gottes nicht gehöret werden / welche sich vorsatzlichen mit ihren Sophistischen Argumenten wieder den Eidt Gottes auffsetzen / vnd den Eidt Gottes zu straffen / durch ihre vernunfft sich befliessen dürffen.

Zum Dritten. Mit dem Eidt Gottes stimmet vberein die Euangelische Predige des Sons Gottes vnsers lieben HErrn JEsu Christi aus dem Schoß vnd Hertzen des Vaters / Johannis im 3. Capittel. Also hat Gott die Welt geliebet / das er seinen Einigen Sohn gab / auff das alle die an ihn gleüben / nicht verlorn werden / sondern das ewige Leben haben. Denn Gott hat seinen Sohn nicht gesand in die Welt / das er die Welt richte / sondern das die Welt durch ihn selig werde. Item Matth. 18. Also ists fur ewrem Vater im Himel nicht der wille das jemand von diesen kleinen verlorn werde. Vnd des Heiligen Apostels S. Peters wort welche der Heilige Geist durch jhn geredet vnd geschrieben hat 2. Petri 3. Gott wil nicht das jemandt verlor werde / sondern das sich jederman zur Busse ke re. Desselben gleichen auch des Heiligen Apo stels S. Pauli Wort / 1. Thessa. 5. Gott hat vns nicht gesetzet zum zorn / sondern die seligkei zuerwerben durch vnsern HErrn JEsum Chri stum / der fur vns gestorben ist.

Auch stimmen mit diesem Eidt Gottes vber ein die heiligen Threnen des Sons Gottes vn sers lieben HErrn Jesu Christi / vber die Stadt Jerusalem / Luc. 19. Vnd seine betrübte klage Esaie 65. Ich recke meine Hende aus den gan tzen Tag / zu einem vngehorsamen Volcke. Vnd Matth. 23. Jerusalem Jerusalem / Ich habe deine Kinder willen samlen / vnd du hast nicht gewolt.

Dan so aus schuldt vnd vrsachen der gött lichen Außuersehung were gekommen / das die gottlosen Jüden zu Jerusalem / durch jhre ver stockte Hertzen nicht wolten erkennen die zeit der gnaden / darin sie wurden von dem frommen ge trewen Gott so gnedigen vnd offtmals heimge sucht / durch die lieben Propheten / vnd auch von dem Sohne Gottes JEsu Christo selbst /

das

das sie sich solten bekeren/ vnd an den Sohn Gottes Jesum Christum gleüben/ auff das sie mochten selig werden/ so weren nicht sie/ sondern der Son Gottes selbst zusampt seinem lieben Vater vnd Heiligem Geiste schüldich an der Jüden verstockten blintheit vnd bößheit/ vnd an jhrem zeitlichem verderbe vnd ewiger verdamniß.

Vnd hette also der Sohn Gottes in der warheit vber seine eigene/ ja vber der gantzen Heiligen Dreifaltigkeit/ praedestination vnd Außuersehuug/ geweinet vnd geklaget/ Vnd also sich selbst zusampt dem Vater vnd Heiligem Geiste der bößheit der verstockten Jüden beschüldiget. Oder es must werden gesaget/ das es nicht warhafftige Threnen vnd klage geweft sind/ denn es nicht aus Hertzen grund/ sondern allein zum scheine geschehen were. Welchs ohne grawsame Sünde nicht kan gedacht/ viel weniger gereder werden/ Dann es ist bey dem HErrn Jesu niemals einiger betrug gefunden/ 1. Petri 2.

Derhalben bezeügen das hertzliche klagen vnd weinen/ vnd die heilige Threnen des Sohns Gottes

Gottes vnsers lieben HErrn JEsu Christi g
waltiglichen vnd festiglichen/ das der liebe Go
die Gottlose verstockte Jüden nicht habe in se
nem heimlichen Rath seiner praedestination z
solcher verstockunge ausuersehen vnd verordne
das sie die zeit jhrer heimsuchung nicht solten e
kennen/ vnd die angebotene gnade solten verach
ten/ auff das sie nicht solten bekeret vnd Seli
werden/ sondern das sie solten verblendet/ ve
stockt sein vnd bleiben/ vnd also verdorben vn
verdammet werden/ vnd das sie derhalben vm
der Göttlichen außuersehung willen die zeit jre
heimsuchung nicht haben erkennen können. Da
so solchs durch die Ausuersehung oder praedest
nation Gottes geschehen were/ als hette ja de
Son Gottes darüber nicht können weinen/ son
dern er hette ein wolgefallen daran gehabt/ al
an seinem eigenen Werck.

 Zum Vierten sollen nun hierauff wol be
dacht werden die Wort des Heiligen Geistes
damit er durch den Apostel S. Paulum die wa
re Lere von der Göttlichen Außuersehung vn
Erwelung gründtlichen vnd klerlichen hat be
schrieben zun Ephesern im ersten Capitel. Ge
lobet sey Gott der Vater vnsers HErrn JEsu
Chri

Christi / der vns gesegenet hat mit allerley geistlichem Segen in Himlischen gütern durch Christum / Wie er vns dan erwelet hat durch denselbigen ehe der Welt grundt gelegt war / das wir sollen sein Heilig vnd vnstrefflich fur jhm in der liebe. Vnd hat vns verordnet zur Kindtschafft gegen ihm selbst/ durch Jesum Christ/ nach dem wolgefallen seines willen / zu lob seiner herlichen Gnade / durch welche Er vns hat angenem gemacht in dem Geliebten / an welchem wir haben die Erlösung durch sein Blut /Nemlich die vergebung der Sünde / nach dem Reichthumb seiner gnade / welche vns Reichlich widerfaren ist / durch allerley Weißheit vnd klugheit. Vnd hat vns wissen lassen das geheimniß seines willen / nach seinem wolgefallen /Vnd hat dasselbige erfur gebracht durch ihn / das es gepredigt wurde da die zeit erfüllet war.

 Mit diesen Worten hat der heilige Geist aus dem tieffen grund Göttliches Raths vnd willens / das Geheimniß der Göttlichen Außuersehung vnd Erwelung / gründlichen/ klerlichen / vnd verstendlichen offenbaret vnd beschrieben / durch den Heiligen Apostel S. Paulum/ damit offentlichen bezeüget / *Quod talis est prædestinatio,*

natio, qualis est Euangelij promißio, e
tionis & Euangelij reuelatio & prædica
filium Dei ex sinu æterni patris facta.

Außuersehung vnd Erwelung
zusage vnd Predige des heilige
ein stimme/ wie der Sohn E
Göttliche Außuersehung vnd
Predige des heiligen Euangeli
des Vaters offenbaret vnd gep
hannis 3. Also hat Gott die
er seinen einigen Sohn gab/ d
gleüben nicht verlorn werden/
ge Leben haben. Vnd das derh
sehung Gottes nicht ist streitig
vnd Predige des Heiligen Eua
auch in der Lere von der praede
uersehung Gottes nicht solle e
er Rath vnd wille Gottes gege
offenbarte vnd gepredigt Eu
ertichtet/ Sondern das in
Göttlichen praedestination,
vnd Erwelung soll festiglichen
auff die zusage vnd offenbarun
angelij/ daran sich vnser gl
halten in Christo Jesu/ vnd

furwitzige gedicht Menschlicher vernunfft von zweierley streitigen willen / de duabus contradictorijs voluntatibus in Deo, Dardurch der Son Gottes vnd sein Heilig Euangelium lügen gestraffet / der glaube vngewis gemacht / armen betrübten Seelen vnd Hertzen der warer Trost des heiligen Euangelij vnd der Heiligen Sacramenten gestolen vnd genomen / vnd viele schwachgleübige in jren anfechtungen zur verzweiffelung gebracht werden / wo se nicht durch sonderliche gnade des heiligen Geistes werden aus dieses schedlichen jrthumes anfechtungen errettet.

Denn wan das solte war sein (welches so warlich als Gott ein lebendiger Gott ist nicht kan war sein) Nemlichen das Gott in seinem heimlichen verborgenen Rath / etliche Menschen hette ausuersehen zur verdamnis / das sie nicht sollen bekeret werden vnd leben oder selig werden so were auch ja diese Gottlose Lere war / das kein Mensch konte gewisse sein / sondern jederman zweifeln muste an seiner außuersehung vnd erwelung zur seligkeit / vnd das kein Mensch konte mit gewissem glauben sprechen / Jch gleübe vergebung der Sünden / vnd ich gleübe ein ewig Leben / das auch nimermehr jenig Mensche konte

D ij   mit

mit friedsamer conscientie vnd gewisser zu
sicht des Glaubens im Namen Jesu Christi
Vater onser sprechen/ vnd den lieben Gott
nen Vater nennen/ vnd von jhme als ein K
Gottes mit Kindtlichem Hertzen was bitt
Sondern es muste ein jeglicher Mensch ohn
wissen glauben vnd ohne waren Trost jmme
zweiffelhafftigkeit leben vnd sterben/ das
muste leben vnd sterben in eitel vnglauben/
verzweiffelung.

 Derhalben sol ein jeder Christ diese
des Heiligen Geistes/ durch den Apostel
Paulum beschrieben/ fleissig anmercken/ vn
seiner Seele vnd hertzen wol bedencken/ N
lichen zum Ersten. Gott hat vns erwelet d
Christum ehe der Welt grundt gelegt war.
Andern/ Gott hat vns verordnet zur Ki
schafft gegen jhm selbst durch Jesum Christu
nach dem wolgefallen seines willen. Zum
ten/ Gott hat vns wissen lassen das geheim
seines willen/ nach seinem wolgefallen/ vnd
dasselbig erfur gebracht durch jhn (Jesum
stum) das es gepredigt würde/ da die zeit e
let war.

 In den dreien Puncten bestehet die ga

Lere von dem Geheimniß des wolgefallens vnd willen Gottes in der ewigen Außuersehung vnd Erwelung / Welch geheimniß hat Gott nicht wollen heimlich vnd verborgen halten / Sondern Gott hat das geheimniß seines willens vnd wolgefallens erfur gebracht / durch seinen Son Jesum Christum/ das es geprediget wurde/ wie dan auch der Sohn Gottes selbst dis geheimniß aus dem Schoß des Vaters hat erfur gebracht vnd geprediget / Johan. 3. Also hat Gott die Welt geliebet das er seinen Einigen Sohn gab / auff das alle die an jhn gleüben nicht sollen verlorn werden / sondern das ewige Leben haben.

  Eben also redet auch S. Paulus von der offenbarung vnd Predige dieses geheimniß der Göttlichen Ausuersehung vnd Erwelung in der ersten Epistel zu den Corinthern im andern Capittel. Wir reden von der heimlichen verborgenen Weissheit Gottes / welche Gott verordnet hat fur der Welt zu vnser Heiligkeit / welche keiner von den Obersten dieser welt erkand hat / etc. Vns aber hat es Gott offenbaret durch seinen Geist / denn der Geist erförschet alle ding / auch die Tieffe der Gottheit / Denn welcher Mensch weis was im Menschen ist / ohn der Geist des

Menschen der in jhm ist? Also auch niemal[s]
weis was in Gott ist/ohn der geist Gottes. A[ber]
aber haben nicht empfangen den geist der Wel[t]
sondern den geist aus Gott/ das wir wissen kö[n]
nen was vns von Gott gegeben ist / welches t[...]
auch reden/ nicht mit Worten / welche Mens[ch]
liche Weißheit leren kan / Sondern mit W[or]
ten / die der Heilige geist leret. Darauff bes[ch]
leüst der Apostel dasselbige Capittel also. A[...]
haben Christus sinn.

Das sind ja derhalben nicht Wort M[en]
schlicher weißheit oder vernunfft / welche ni[cht]
verstehet was des geistes Gottes ist / sonde[rn]
sind Wort des Heiligen Geistes / der alles w[eis]
was in Gott ist / auch die tieffe der Gotthe[it]
Wer nu Ohren hat zu hörende/ der hö̈re v[nd]
mercke darauff was der geist Gottes redet /
wert er vom geist Gottes leren / das Gott d[as]
geheimniß seines Raths / willens vnd wolg[e]
fallens von vnser Außuersehung vnd Erwelu[ng]
nicht bey sich heimlich halte / Sondern hat [es]
erfur gebracht vnd offenbaret durch seinen lieb[en]
Sohn vnserm HErrn Jesum Christum / v[nd]
Durch den Heiligen Geist / vnd hat es lass[en]

Predigen vnd lesset es Predigen im Heiligen Euangelio/ auff das wir wissen sollen was er vns in seinem Sohn Jesu Christo nach seinem gnedigen wolgefallen gegeben hat/ vnd vns mit gewissem Glauben ohn alle zweiffelung darauff verlassen sollen/ Dann wir haben Christus sinn darin kein falscheit oder betrug ist/ denn Er die Warheit selbst ist/ vnd haben die Offenbarung des Heiligen Geistes/ der ein Geist der Warheit ist/ vnd nicht in Lügen oder Irthumb/ sondern in die Warheit leitet.

Derhalben gehe nun doch ein jeder in sein eigen Hertze/ vnd frage seine eigene Seele/ Ob dis/ so wir vom Geist Gottes aus gedachten Schrifften des Heiligen Apostels S. Pauli gehöret vnd gelesen haben/ nicht eben so viel ist geredet/ als das Gott keinerley weiß hat einen andern heimlichen verborgenen Rath vnd willen in seiner ewigen praedestination vnd Ausuersehung gegen vnd wieder den einigen Rath/ vnd willen/ vnd wolgefallen/ welchen er vns Menschen durch seinen Eingebornen Sohn vnsern lieben Herrn

HErrn Jesum Christum / vnd durch den H[ei]-
gen Geist im Heiligen Euangelio geoffenba[ret]
hat / vnd alle Tage bis zum End der welt dur[ch]
Euangelium predigen lesset. Nemlichen / A[lso]
hat Gott die Welt geliebet das Er seinen E[ini]-
gen Sohn gab / auff das alle die an jhn gleu[ben]
nicht verlorn werden / sondern das ewige Le[ben]
haben.

Also ist ja aus warem grunde vnd gewiss[em]
fundament Göttliches Worts beweiset / das [die]
praedestination oder ausuersehung Gottes/[mit]
der zusage vnd Predige des Heiligen Euang[elii]
einig ist / vnd diese nicht gegen ein ander strei[ten]
sind / das auch Gottes Rath / willen vnd w[ol]-
gefallen in seiner Göttlichen praedestination o[der]
Ausuersehung / dem geoffenbartem Rath/[wil]-
len / vnd wolgefallen in der zusage vnd wort o[der]
Predige des Euangelij nicht zu wieder ist / S[on]-
dern ein Göttlicher Rath / vnd wille ist in [der]
Göttlichen ausuersehung oder praedestinati[on]
vnd in der zusage vnd Predige des heiligen E[u]-
angelij. Damit kan sich ein betrübt Hertze/v[nd]
Seele in warem gewissen glauben trösten/geg[en]
vnd wieder alle anfechtung des vnglaubens v[nd]
verzweiffelung / welche die gegen Lere in betr[übten]

ten angefochten Hertzen verursachet. Vnd ist hie
mit auch beweiset die Regel. *Talis est prædestinatio qualis est Euangelij promißio & reuelatio.* Das ist / Gottes
praedestinatio oder Außuersehung vnd die zusage vnd Offenbarung oder Predige des Heiligen
Euangelii sind nicht wieder ein ander / sondern
sind einich in Jesu Christo.

Derhalben wie nicht mit warheit kan werden gesagt / das Gott in vnd durch seinen Sohn
Jesum Christum etliche Menschen habe erwelet
vnd erschaffen zur Sünde vnd verdamnis / Also
kan auch mit warheit nicht gesagt werden / das
Gott durch seinen heimlichen Rath der ewigen
praedestination etliche Menschen zur Sünde
vnd verdamniß habe ausuersehen vnd verordnet: Das wille ein jeder frommer Christ / dem
die warheit in diesem Artickel von Hertzen ohne
Heücheley vnd ohne Sophisterey lieb ist wol bedencken / vnd den lieben Gott mit warem glauben im namen Jesu Christi getrewlich anruffen /
das er durch den Heiligen Geist vns in warem
glauben vnd bey reiner Lere des heiligen Euangelij erhalten / vnd fur Jrthumb vnglauben vnd
verzweiffelung behüten wolle.

Wie zu den Sprüchen der Heiligen
Schrifft / so vom gegentheil mit Menschen
deutungen pflegen werden eingefürt / können
vnd solle schlecht vnd recht aus warem
grunde vnd rechtem verstand Göttliches worts werden geantwortet.

Als nun hiegegen durch Menschliche v[er]-
nunfft vnd Weißheit / mit Mensch-
chen Sophistischen glossen vnd deuti[n]-
gen kan furgebracht werden / solches wird al[les]
wiederlegt vnd vmbgestossen mit dem Eidt [des]
lebendigen Gottes / vnd mit der offenbarung [des]
Sons Gottes vnsers HErrn Jesu Christi / [vnd]
des heiligen Geistes / Nach dem befehl des H[imm]-
lischen Vaters an alle Menschen / Matth. [17]
Dis ist mein lieber Son an welchem ich ein [wol]-
gefallen habe / den solt jhr hören. Vnd nach [der]
Regel Christi Johan. 8. So jhr bleiben wer[det]
in meiner rede / so seid jhr meine rechte Jünge[r]
vnd werdet die warheit erkennen / vnd die w[ar]-
heit wird euch frey machen. Vnd Joh. 16. D[er]
Geist der warheit wird euch in alle warheit [lei]-
ten / denn er wird nicht von sich selbst reden / s[on]-
dern was er hören wird das wird er reden / D[a]

selbige wird mich erkleren/ denn von dem meinen wird er es nemen/ vnd euch verkündigen.

Dan welcher Christ wil oder kan dis nachgeben vnd einreümen/ das mit Menschen deütungen der schrifft vñ mit Sophistischen künsten vnd Argumenten/ der Eidt des lebendigen Gottes/ den er bey keiner Creatur/ sondern bei seinem eigen Leben/ das ist/ wie S. Paulus sagt/ Heb: 6. bey sich selbst geschworen hat/ könne werden niedergelegt. Vnd das durch Menschliche vernunfft vnd kunst/ vnd durch Sophistische deütunge vnd Argumente/ das Heilig Euangelium durch den Son Gottes der die warheit selbst ist/ vnd durch den heiligen Geist/ den Geist der warheit/ offenbaret/ könne Lügen gestraffet/ oder zu Lügen gemacht werden. Vnd das mit Menschlicher Sophistischer deütung/ könne die heilige Schrifft/ das ist die warheit Gottes/ mit sich selbst vneins vnd streitig gemacht/ vnd ein spruch mit dem andern vmbgestossen/ vnd also diese vnwandelbare Regel/ von Gott selbst gesetzet/ könne ausgeleschet vnd vernichtet werden. *Verbum Domini manet in æternum.* Gottes wort bleibt in Ewigkeit.

In Scholen gilt diese Regel. *Contra negantem principia non est disputandum.* So solte auch viele mehr

in Christlicher Religion vnd Glaubens sach
diese Regel gelten. *Contra negantem Iuramentum Dei*
reuelationem Filij Dei & Spiritus sancti non est disputand
Derhalben auch billichen keine Sophisti
deütunge vnd Argument / wieder vnd gegen
Eidt des Lebendigen Gottes/ vnd wieder vnd
gen die klare gewisse Wort des Sohnes Got
vnd Heiligen Geistes in der Offenbarung
Predigt des Heiligen Euangelii / von der ge
tzen allerheiligsten Göttlichen Dreifaltigkeit
zeüget / solten werden angehöret / auff das si
pele Hertzen vnd Seelen / die sich schlecht
recht mit einfeltigem glauben halten an den E
Gottes vnd Warheit des Heiligen Euangel
nicht in jhrem glauben verwirret vnd zweif
hafftig gemacht werden.

    Dennoch aber auff das niemand gedenc
das gegen vnd wieder den Eidt Gottes/ vnd
heilig Euangelium / konnen vom gegentheil
dere Sprüche aus Heiliger Schrifft werden
fur gebracht / dazu mit warem bestendig
gründe aus Gottes Wort nicht konne werd
geantwortet. Als mus demselbigen auch w
den furgebawet / *Salua protestatione*, das der E
des Lebendigen Gottes / vnd die warheit des

ligen Euangelij muß vnd sol feste stehen vnd feste bleiben / ober alle Kunst vnd spitzfindigkeit aller Menschen vernunfft vnd Weißheit.

Wan denn aus dem Neunden Capittel der Epistel an die Römer wird eingeføret von Jacob vnd Esau. Da Rebecca auff ein mal schwanger ward von Isaac vnserm Vater / ehe die Kinder geborn waren / vnd weder guts noch böses gethan hatten / Auff das der fursatz Gottes bestünde / nach der wale / ward zu jhr gesagt / nicht aus verdienst der Werck / sondern aus gnade des Beruffers also / der grösseste sol dienstbar werden dem kleinen / Wie den geschrieben stehet / Jacob habe ich geliebet / Aber Esau habe ich gehasset. Derhalben ist Esau durch Gottes ausuersehung verworffen / vnd nicht zur Seligkeit / sondern zur verdamniß erwelet vnd verordnet. Als sol darauff aus warem grunde Göttliches Wortes also werden mit guter bescheidenheit geantwortet.

Zum Ersten das diese folge der Schlußrede falsch vnd vnrecht ist / dan sie ist wieder den thewren Eidt Gottes / vnd wieder das Heilig vnd warhafftig Euangelion Jesu Christi / darinnen der Sohn Gottes Jesus Christus vnser Herr /

Herr / auß dem Schoß oder Hertzen des V[a]-
ters / vnd der Heilige Geist aus der Tieffe [der]
Gottheit den Göttlichen Rath vnd willen / v[nd]
das geheimniß der Außversehung vnd erwelu[ng]
geoffenbaret hat / wie solchs gnugsam bewe[isen]
ist.

Darnach zum Andern / zur beweisung d[as]
obgesetzte volge der Schlußrede keinen grun[d]
in Gottes Wort habe / muß der rechte versta[nd]
des Exempels von Jacob vnd Esau / aus war[em]
Fundament Heiliger Schrifft / vnd nicht a[uß]
Menschlichen deütungen gesücht werden.

So ist dis die warheit / das S. Paul[us]
hat im Neunden Capittel an die Römer zuuo[r]
eingefürt das Exempel von Jsaac / damit zul[er]
weisen / das die Kinder der verheissung werd[en]
fur den Samen gerechnet. Das ist / das [die]
gleübigen sind die ware Kirche / vnd rechte K[in]-
der vnd Erben Gottes / wie es S. Paulus sel[bst]
deütet / Galat. 3. Die des glaubens sind / d[ie]
sind Abrahams Kinder / vnd die werden gese[g]-
net mit dem gleübigen Abraham. Welche de[ü]-
tung volget nach vnd aus den worten Johann[is]
im Ersten Capittel. Er (Gottes Sohn Jes[us]
Christus) kam in sein Eigenthum / vnd die s[einen]

n[...]

nen namen jhn nicht auff. Wie viel jhn aber auffnamen/ denen gab er macht Gottes Kinder zu werden/ die da an seinen Namen gleůben. Welche nicht von dem Geblůt/ noch von dem willen des Fleisches/ noch von dem willen eines Mannes/ sondern von Gott geborn sind. Von welcher Geburt sagt S. Petrus/ das dieselbige geschehe nicht aus vergenglichem/ sondern aus vnuergenglichem Samen/ Nemlichen/ aus dem Lebendigen Wort Gottes/ das da Ewiglich bleibet/ j. Petri j.

Dahin brauchet S. Paulus das Exempel von Isaac/ der nicht aus einer jungen fruchtbarn Dirne nach dem Fleisch/ wie der Ismahel/ Sondern aus der alten vnfruchtbarn Sara durch die verheissung ein Sohn vnd Erbe Abrahams geborn ist/ auff welchen die zusage lautet/ das aus jhme/ vnd nicht aus Ismahel der zugesagte Messias komen solte. Nemlichen/ In Isaac sol dir der Same genennet werden.

Also füret er auch darauff in das Exempel/ von Jacob vnd Esau/ damit zu beweisen/ das Gott den Jacob nicht vmb seiner wercke willen/ sondern allein aus dem gnedigen fursatz seiner Wale/

Wale / habe dem Erstgebornem Esau furge[zo]
gen / vnd den Jacob dazu beruffen vnd erwel[et]
das Jacob mit seinem Geschlechte / vnd nicht [der]
Esau / solt sein der Stam des Künigreiches v[nd]
des zugesagten gebenedeieten samens vnd M[es]
siae Jesu Christi.

Gleich wie dan durchs erste Exempel v[on]
Isaac nicht kan werden beweiset / das sein Br[u]
der Ismahel sey von Gott zur verdamnis dur[ch]
die Göttliche Ausuersehung verordnet vnd [ge]
schaffen / vnd das er sey von der zusage sein[es]
Vater Abraham gegeben durch die praedestin[a]
tion Gottes ausgeschlossen vnd abgesonder[t].
Nemlichen / In Abrahams samen sollen alle g[e]
schlechte der Erden gesegnet werden / Darum[b]
das jhme ist der Bruder Isaac furgezogen / v[nd]
nicht von jhme / sondern von Isaac ist von Go[tt]
zum Vater Abraham gesaget. In Isaac sol [dir]
der Samen genennet werden. Denn wan da[r]
umb solte von der Euangelischen zusage (I[n]
Abrahams samen sollen alle geschlecht der E[r]
den gesegenet werden) der Ismahel durch [die]
ewige praedestinatton oder außuersehung au[ß]
geschlossen / vnd zur ewigen verdamnis veror[d]
net sein / So muste eben also auch folgen / d[as]

alle andere geschlechte der Erden / ausgenomen das einige Geschlecht des Isaac / weren durch Gottes praedestination oder außuersehung von der Euangelischen zusage ausgeschlossen / vnd zur Ewigen verdamniß verworffen. Wo bliebe dan die Göttliche warheit der zusage. In Abrahams Samen sollen alle geschlechter der Erden gesegnet werden. Item / Also hat Gott die Welt geliebet / das er seinen Einigen Sohn gab / auff das alle die an jhn gleuben nicht verlorn werden / sondern das ewig Leben haben.

Also kan auch aus der einfürung des Exempels von Jacob vnd Esau nicht werden beweiset / das der Esau sey von Gott durch seine praedestination oder Außuersehung von der Euangelischen zusage (In Abrahams Samen sollen alle geschlechte der Erden gesegnet werden) ausgeschlossen / vnd durch Gottes vorsatz zur ewigen verdamniß verordnet / Darumb das nicht Er sondern sein Bruder Jacob / zu dem Stam des Künigreiches vnd der geburt des verheissenen Messias Jesu Christi / durch den gnedigen fursatz Gottes ist erwelet vnd beruffen worden.

Solchs befindet sich auch aus gründtlicher betrachtung des 25. Capittels im Ersten Buch

F   Mosis /

Mosis/ vnd des Ersten Ca[
daraus S. Paulus diese zu[
men hat/ Neimlichen/ Das zu
den des Beruffers gesagt ist/
dienstbar werden den kleinen/
ben stehet/ Jacob habe ich g[
habe ich gehasset. Denn solch[
auff der zweier Personen/ J[
ligkeit oder verdamniß/ sond[
fursatz der wale Gottes/ welc[
ten/ Jacob vnd Esau/ dazu s[
let/ das sein Geschlecht das K[
vnd aus seinem geschlechte de[
as solle geborn werden/ in w[
te der Erden sollen gesegnet w[

Das weisen die Wort d[
Ersten Buch Mosis im 25. [
der Herr zu Rebecca nicht/ z[
zwey Kinder sind in deinem L[
ja also war) sondern spricht/
deinem Leibe/ vnd zweierley
scheiden aus deinem Leibe/ v[
dem andern oberlegen sein/ v[
dem kleinen dienen. Es ist au[
vnd dienstbarkeit nicht in de[

vnd Esau leiblichen erfüllet/sondern ist leiblichen erfüllet in den Völckern.

Dann ob wol Jacob die Erstegeburt vom Esau kauffte/ vnd darauff auch den segen seines Vaters Isaac vberkame/ vnd im Glauben ein Herr war/ So fluge er doch weg aus dem Lande fur seinem Bruder Esau/ vnd als er widerkam/ gab er dem Esau Gaben vnd geschencke/ niegete sich fur jhm siebenmal zur Erden/ nennet sich seinen Knecht/ vnd den Esau nennet er seinen Herrn/ mit der demütigen bitt/ das ich (spricht er zu Esau) gnade finde fur meinem Herrn. Gene. 33. Es sind aber diese Wort/ welche Rom. 9. angezogen werden/ der grösseste sol dienstbar werden dem kleinen/ leiblich nach der Historien ersten erfüllet zur zeit des Küniges Dauid/ aus dem Geschlechte vnd Stam Jacobs/ welcher die Edomiter aus dem Geschlecht vnd stam Esaus vnter sich gebracht/ vnd zu seinen Knechten machte/ wie geschrieben stehet im andern Buch Samuelis im 8. Cap. Gantz Edom ward Dauid vnterworffen.

Das aber S. Paulus bald darauff auch setzet aus dem erstē cap. Malachie/ wie dan geschriebē stehet/ Jacob habe ich geliebet/ aber Esau habe ich gehasset/ solchs mus auch ja nicht nach Menschē

F ij deutun-

tungen vnd gedancken ausgelegt vnd verstand
werden / Sondern der ware verstand mus a
Gottes Wort gesucht vnd gefasset werden. D
sind aber die Wort Gottes im Propheten M
lachia im Ersten Capittel.

Dis ist die Last die der Herr redet wi[t]
Israhel durch Maleachi. Ich hab euch lie[b]
spricht der Herr / so sprecht ihr / Womit ha[st]
vns lieb? Ist nicht Esau Jacobs Bruder / sp[ri]
cht der Herr / Noch habe ich Jacob lieb / v[nd]
hasse Esau/ vnd habe sein Gebirge öde gemac[h]
vnd sein Erbe den Drachen zur Wüsten.

Also erkleret sich Gott selbst / wie er di
Wort wolle verstanden haben/ Nemlichen/ ni[cht]
vom hasse oder zorn seiner ewigen praedestin[a]
tion oder ausuersehen des Esaus vnd seines [Ge]
schlechtes zur Hellischen verdamnis / das er [von]
seinem Volck sey durch seine Göttliche Ausu[er]
sehung ausgeschlossen vnd verworffen aus [der]
zusage/ das in Abrahams Samen sollen alle [Ge]
schlechte der Erden gesegnet werden.

Denn dagegen stehet geschrieben im Dr[it]
ten Capittel Marci/ das viele aus Joumea d[em]
HErrn Jesu Christo folgeten. Sondern d[ie]
die Wort sollen werden verstanden vom ha[ss]

oder zorn der verwüstung des Landes vnd Volckes der Edomiter / welch das Volck oder geschlechte Jacob verfolgete (Amos 1. Jeremie 25.) Vnd ja nicht Esau mit seinem Volck / Sondern Jacob mit seinem geschlecht zum Stam des Künigreichs vnd der geburt des verheissenen Messie erwelet war.

Diese deütung stimmet vberein mit gleichem Exempel im 78. Psalm / da also stehet. Vnd (der HErr) verwarff die Hütten Joseph / vnd erwelet nicht den Stam Ephraim. Sondern erwelet den Stam Juda / den Berch Sion welchen er liebet. Gleich wie nun aus diesen Worten des Psalms / nicht kan werden eingefürt / das darumb Gott den Joseph vnd Ephraim zur Ewigen verdamnis habe ausuersehen / weil er nicht ihren stam / sondern den stam Juda zum Künigreich / vnd zur Geburt des zugesagten Messie hat erwelet / vnd also den Berg Sion vnd stam Juda geliebet / das er diese den Hütten Joseph vnd stam Ephraim hat in solcher Wale furgezogen / Also kan auch aus dem 25. Capittel des Ersten Buchs Mosis / vnd aus dem Ersten Capittel Malachie / vnd aus dem 9. Capittel an die Römer nicht werden geschlossen /

Das Gott den Esau habe zur ewigen verdc
niß auserſehen/ darumb das er jhme ſei
Bruder Jacob/ in der erwelung zum Stam
Künigreichs/ vnd der Geburt des zugeſag
Meſſie hat aus lauter gnade vnd liebe/ ohne
ne werck oder verdienſt furgezogen.

   Diß iſt nicht wieder die meinung des H
ligen Apoſtels im 9.Capit.an die Römer/D
da wird dis Exempel von Jacob vnd Eſau an
zogen/ nicht zur verdamniß des Eſaus/ S
dern zu beweiſen das Gottes Erwelung nicht
ſchehe vmb wercke oder verdienſtes willen/ S
dern ohne verdienſt vnd wercke lauter aus g
den vnd liebe. Wie auch die erwelung der H
ligen Junckfrawen Maria/ das ſie ſolte ſ
die Mutter des zugeſagten Meſſie des Soh
Gottes Jeſu Chriſti vnſers HErrn/ aus lau
gnade geſchehen iſt/ wie der Engel Gabriel zu
ſpricht. Luc. 1. Fürchte dich nicht Maria/
haſt gnade gefunden bey Gott/ daraus ja ni
folget/ das andere Junckfrawen die dieſe gr
de nicht gefunden haben/vnd nicht dazu ſind v
Gott erwelet werden/ das ſie ſolten des So
Gottes JEſu Chriſti Mutter ſein/ Darur

von Gott zur verdamnis auszuersehen vnd verworffen sind.

Derhalben ist dis wol zu mercken / Wan des Heiligen Apostels meinung im 9. Capittel an die Römer / dahin durch vnrechte deutunge solte gezogen vnd verstanden werden / das Gott habe in seiner ewigen praedestination oder auszuersehung den Esau gehasset zur Ewigen verdamnis / das den durch diese Wort / Esau habe gehasset / der Eidt Gottes durch eine starcke contradiction wurde vmbgestossen / zu sampt der Euangelischen zusage vnd Predige Christi aus dem Schoß oder Hertzen des Vaters. Also hat Gott die Welt geliebet / das er seinen einigen Sohn gab / auff das alle die an jhn gleuben nicht verlorn werden / sondern das ewige Leben haben. Solche contradictio kan in Gott nicht sein / dan Gott ist kein Lügener / vnd kan nicht liegen. Vnd wo bliebe dan S. Pauls eigene Regel das alle Prophecei soll sein dem glauben ehnlich.

Es ist ja aus heiliger Schrifft klar was in solcher comparation / da eins dem andern furgezogen wird / das wort (hassen) bedeutet. Denn Christus sagt Luc. 14. So jemand zu mir kompt / vnd

vnd haſſet nicht ſeinen Vater / Mutter / We
Kind / Bruder / Schweſter / auch dazu ſein
gen Leben / der kan nicht mein Jünger ſein. T
uon wird ja kein Chriſt ſagen können / das C[hri]
ſtus mit dieſem Wort (haſſen) vmbſtoſſe d[as]
Vierdte vnd Fünffte vnd ſechſte Gebot Gotte[s]
verbiete die liebe der Eltern zu jhren Kindern v[nd]
der Kinder zu jhren Eltern / verbiete Eheleu[ten]
die Eheliķe liebe / vnd befehle das ſich ein Ch[riſt]
ſelbſt ſolle vom Leben zum Tode bringen. D[as]
wolt ja eine erſchreckliche deütunge ſein / vber d[as]
Wort (haſſen) welche meinung dem HEr[rn]
Chriſto iſt niemals in ſinn gekomen. Denn es [re]
det da der HErr Chriſtus in *comparatione* vom f[ür]
zuge / vnd wil ſeine Wort alſo verſtanden h[a]
ben / Das ein Chriſt ſolle jhn vnd ſein Heil[ig]
Euangelium mehr lieben als Vater / Mutte[r]
Weib / Kind / Bruder / Schweſter / vnd au[ch]
als ſein eigen Leben. Denn alſo erkleret der He[rr]
Chriſtus ſeine Wort vnd meinung ſelbſt / M[at.]
10. Wer Vater vnd Mutter mehr liebet de[nn]
mich der iſt mein nicht werd / Vnd wer So[n]
oder Tochter mehr liebet den mich / der iſt me[in]
nicht werd / vnd wer nicht ſein Creütz auff ſi[ch]
nimpt vnd folget mir nach / der iſt mein ni[cht]
werd.   W[er]

Wan auch aus demselbigen Neunden Capittel an die Römer/ vnd aus dem 33. Capittel des andern Buchs Mosis/ eingefürt wird/ das Gott sagt/ Wem ich gnedig bin/ dem bin ich gnedig/ vnd des ich mich erbarme des erbarme ich mich. Als ist darauff diese schlechte vnd rechte antwort/ das diese Wort Gottes niemand aus der zusage der gnaden durch die praedestination oder Ausuersehung Gottes ausschliessen zur ewigen verdamnis. Denn durch diese Wort wird der Eidt Gottes/ vnd die zusage des Heiligen Euangelij von der liebe/ gnade vnd Barmhertzigkeit Gottes in seinem Sohn Jesu Christo nicht vmbgestossen. Denn die Wort im Mose stehen also.

Der HErr sprach/ Ich wil fur deinem Angesicht her alle meine güte gehen lassen/ vnd will lassen Predigen des Herrn Namen für dir/ Wem ich aber gnedig bin/ dem bin ich gnedig/ vnd wes ich mich erbarme des erbarme ich mich.

Derhalben müssen ja diese wort nicht werden gedeütet vnd verstanden werden wider vnd gegen das Euangelium/ das im Namen des HErrn Jesu Christi geprediget wird/ Sondern müssen nach dem heiligen Euangelio vnd Euan-
G   gelischer

gelischer zusage so im Namen des Herrn w
geprediget / verstanden vnd gedeutet werd
Nemlichen das gegen aller Menschen vernu
vnd weißheit/ diß der gnedige wille Gottes i
das er ohne werck vnd verdienst wolle gne
vnd Barmhertich sein allen die an seinen S
JEsum Christum gleüben. Den gnedigen
len welchen er im Namen seines Sohns J
Christi vnsers HErrn lesset Predigen / wi
durch Menschen weißheit vngemeistert vnd
getadelt haben / denn er wil seine zusage vnd
angelium von seiner gnade vnd Barmhertz
keit / die er im Namen seines Sons Jesu C
sti lesset Predigen nicht wider rauffen / sond
getrewlich vnd veste halten. Das ist aber
Vaters wille der mich gesand hat (sagt C
stus Johan. 8.) Das wer den Sohn sihet
gleübet an jhn habe das ewig Leben.

 In solchem warem Euangelischen verst
de brauchet der Heilige Apostel diese wort
tes aus dem andern Buch Mosis (Wem
gnedig bin / dem bin ich gnedig / vnd des
mich erbarme / des erbarme ich mich) Da
zubeweisen / das wir nicht durch vnseren

sen / vnd vnsern lauff / das ist / durch vnsere
krefftc / vernunfft / Weißheit / auch nicht durch
vnsere Werck / Sondern allein durch den gnedigen vnd Barmhertzigen willen Gottes in seinem Sohn JEsu Christo / gnade vnd Barmhertzigkeit bekomen durch den glauben an jhn /
dadurch wir zu Kindern Gottes vnd Erden des
Ewigen Lebens werden angenomen. Dann /
sagt Johannes der Tauffer / von der fülle Jesu
Christi empfahen wir alle Gnade vmb Gnade.
Derhalben setzet der Apostel S. Paulus in
diesem verstande des angezogenen Spruchs /
stracks darauff diesen beschluß. So ligt es
nu nicht an jemands wollen oder lauffen / sondern an Gotts erbarmen. Der allen gnedig
vnd Barmhertzig will seien / welche an seinen
Sohn Jesum Christum / den er Predigen lesset /
gleüben.

So auch ferner aus ermeltem 9. Capittel
an die Römer / vnd aus dem andern Buch Mosis / nachfolgende wort eingefüret werden. Nemlichen. Die schrifft sagt zu Pharao / Eben darumb habe ich dich erweckt / das ich an dir meine
macht erzeige / auff das mein Name verkündigt werde in allen Landen. So erbarmet er

G ij sich

sich nu / welches er wil / vnd verstockt welche
wil. Vnd daraus diese volge gemacht wi
Derhalben habe Gott in seiner ewigen pra
stination / oder ausuersehung etliche Mensc
dazu ausuersehen vnd erwelet / das er sie w
verstocken / auff das sie nicht sollen bekeret
selig / sondern ewig verdammet werden.

Ist schlecht vnd recht darauff zu antwor
aus krafft des Eidts des lebendigen Gottes/
aus vnwandelbarer warheit der Offenbar
des Raths vnd willen Gottes im Heiligen
angelio / das diese volge der Schlußrede fa
vnd vnrecht ist. Denn der HErr Gott ha
nen thewren warhafftigen Eidt geschwor
So warlich als er ein lebendiger Gott ist /
er nicht den Tod des Gottlosen / sondern da
sich bekere vnd lebe.

Demnach ist ferner aus warem gru
heiliger Schrifft zu antworten/ Wie das W
(Er verstockt welchen er wil) recht nach
Richtschnur Göttliches Worts müsse verst
den werden / auff das nicht Gott zur vrsa
vnd aufenger der Sünden gesetzet werde / w
den klaren Spruch im 5. Psalm / Du bist n
ein Gott dem Gottloß wesen gefelt. Daru

ist vnmüglich das Gott durch seine ewige Außuersehung jeniger Sünde vnd Gottlosigkeit vrsache vnd anfenger sey. Denn so das war were / das der Gottlosen verstockung sey ein
werck der Außuersehung oder praedestination
Gottes / so hette ja Gott mehr schuldt an der
Gottlosen verstockung in jhrer boßheit / als die
Gottlosen selbst / ja auch als der Teüffel selbst /
vnd were Gott der grösseste Sünder / vnd aller
Sünden vnd boßheit vrsache vnd anfenger.
Welchs ja ohne grawsame Gottslesterung nicht kan gedacht / viel weiniger geredt werden.

  Wo bliebe dan der Spruch Christi zu den
verblendten vnd verstockten Jüden Johannis 8.
Jhr seid von dem Vater dem Teüffel / vnd nach
ewres Vaters lust wolt jhr thun. Derselbige ist
ein Mörder von anfang / vnd ist nicht bestan-
den in der warheit / denn die warheit ist nicht in
jhm. Wenn er die Lügen redet / so redet er von
seinem eigen / der er ist ein Lügener / vnd ein Vater derselbigen. Vnd wo bliebe dann auch der
Spruch S. Pauli 2. Cor. 4. Ist vnser Euangelium verdeckt so ists in denen / die verlorn werden verdeckt / Bey welchen der Gott dieser Welt
der Vngleübigen sinn verblendet hat / das sie

     G iij   nicht

nicht sehen das helle Liecht des Euangelij t
der klarheit Christi. Vnd der Spruch des H
ligen Stephani zu den versteckten Jüden in d
7. Capittel der Gescheffte. Jhr Halstarrig
vnd vnbeschnitten an Hertzen vnd Ohren /J
wiederstrebet alle zeit dem Heiligen Geist / A
Ewre Veter also auch ihr.

　　Diese Sprüche müssen ja war sein v
war bleiben / derhalben muß der rechte versta
dieser Wort (Gott verstockt welchen er wil) a
Gottes eigener deutung in heiliger Schrifft g
sucht werden. Wer dan in Heiliger Schri
recht darnach sucht / der findet Gottes eige
deutung ober diese wort im 81. Psalm / Nemli
en / Mein Volck gehorchet nicht meiner stimm
vnd Israhel wil mein nicht / so habe ich sie gele
sen in jhres hertzen dünckel / das sie wandeln na
jhrem Rath. Esaie 64. Warumb lessestu v
Herr irren von deinen wegen / vnd vnser He
verstecken / das wir dich nicht fürchten? Ezech.
Wen sich ein Gerechter von seiner gerechtigke
wendet / vnd thut böses / so werde ich jn lassen a
lauffen / das er muß sterben. Osee 4. Vn ich wi
auch nicht weren / weil er einen andern Gotte
dienst anrichtet. Deñ das thöricht Volck wil g
schlage

schlagen sein. Vnd im selbigẽ Capit. Israel leüfft wie eine tolle Kuh/ so wird sie auch der Herr weiden lassen/ wie ein Lamb in der irre/ den Ephraim hat sich zu götzen gesellet/ so laß jhn hinfaren.

Weil dann beides stehet im andern Buch Mosis/ Nemlichen/ das Gott habe des Pharao hertz verstockt/ vnd das Pharao selbst sein Hertz verstockt hat/ als am ende des Achten Capittels klarlichen stehet. Aber Pharao verhertet sein hertz auch dasselbe mal/ vnd ließ das volck nicht. Vnd am end des 9. Capit. Da aber Pharao sahe/ das der Regen vnd Dönner vñ hagel auff höret/ versündiget er sich weiter/ vnd verhertet sein Hertze er vnd seine Knechte. Also ward des Pharao hertz verstockt/ das er die Kinder Israel nicht ließ/ wie denn der Herr gered hatte durch Mosen. Auch werden sonst in der schrifft an vielen örten diese reden gebraucht/ das die Gottlosen jhre Hertzen vnd Ohren verstocken vnd verherten/ das sie das Wort Gottes nicht wollen hören vnd sich lernen lassen. Als Zacharie 7. Sie wolten nicht auffmercken/ vnd kereten mir den Rücken zu/ vnd verstockten jre ohren/ das sie nicht höreten/ vnd stelleten jre Hertzen wie ein Demant/ das sie nicht höreten das gesetz vnd Wort/

welche

welche der Herr Zebaoth sandte in seinem ge
durch die vorigen Propheten/ daher so gr
Zorn vom Herrn Zebaoth komen ist.

So müssen ja beide diese reden war s
vnd müssen doch nicht gegen einander sein. N
lichen/ Gott hat des Pharao Hertz versto
Vnd Pharao hat selbst sein Hertz verstockt/
müssen diese beide reden also war sein/ das
keine vrsache vnd anfenger der Sünden ge
werde/ wider den Spruch des fünfften Psal
Du bist nicht ein Gott dem gottloß wesen ge
Vnd das auch der Eidt nicht gebrochen wer
sondern fest bleibe. So warlich als ich lebe
icht der Herr Herr/ Jch habe keinen gefallen
Tode des Gottlosen/ sondern das sich der g
lose bekere von seinem wesen vnd lebe.

Derhalben müssen diese Wort Gottes
Mose/ Jch wil Pharao Hertz verstecken/
diese Wort S. Pauli/ Er verstocke welcher
wil/ nicht gedeutet vnd verstanden werden
der Ewigen praedestination oder außuersehe
Gottes/ Denn so were der Eidt Gottes zusa
allen Vermanungen zur Busse vnd beker
falsch vnd erlogen. Sondern müssen werden
deutet vnd verstanden von der straffe des rech

gerichts Gottes/ da durch er den Gottlosen Pharao/ vnd andere verstockte gottlose Menschen verlesset vnd straffet/ wie bey den vorigen Sprüchen ist angezeiget/ vnd wie auch ausstrücklichen gesagt wird im 109. Psalm. Darumb das er so gar keine Barmhertzigkeit hatte/ Sondern verfolgete den Elenden vnd Armen/ vnd den betrübten/ das er jhn tödtet/ Vnd er wolt den Fluch haben/ der wird jhm auch komen/ Er wolt des Segens nicht/ so wird er auch ferne von jhm bleiben/ Vnd zog an den Fluch wie sein Hembd/ vnd ist in sein inwendiges gangen wie Wasser/ vnd wie Ole in sein Gebein/ So werde er jhm wie ein Kleid das er anhabe/ vnd wie ein Gürtel/ das er sich allewege mit gürte. So geschehe denen vom Herrn/ die mir wider sind/ vnd reden böses wider meine Seele.

Solchen rechten vnd waren verstand findet ein jeder Christe selbst/ wo er die Wort im 9. Capittel des andern Buchs Mosis wol anmercket vnd mit fleiß bedencket/ Nemlichen/ da aber Pharao sahe das der Regen vnd Dönner vnd Hagel auffhöret/ versündiget er sich weiter vnd verhertet sein Hertz/ er vnd seine Knechte. Also ward des Pharao Hertz verstockt/ das er

H die

die Kinder Israel nicht ließ / wie denn der H(
gered hatte durch Mosen. Denn aus den A(
ten folget ja klarlichen das des Pharao H(
keinerley weiß durch die Außuersehung Go(
ist verstockt.

Also lesset Gott noch heütiges Tages
Gottlosen verstockten vnd verblendten Jüd(
Türcken / vnd andere Heidensche vnd Antic(
stische Völcker hinfaren / vnd wandeln na i(
hertzen Rath / das sie geraten in verkerten s(
glauben den Lügen / vnd ergeben sich selbst i(
lerley Laster / da durch sie / wie die tollen K(
(Osee 4.) selbst lauffen in ihre woluord(
straffe zu irem verderb vnd verdamniß. Si(
mal sie vom Teüffel vnd ihrer eigen bößheit
sind verblendet vnd verstocket / das sie Got(
cht gehorchen / vnd die Liebe der warheit n(
wollen annemen / das sie selig wurden / R(
2. 2. Thess. 2. Ephes. 4. Sapien. 2. We(
gerichte vnd straffe Gottes / warumb vber e(
oder ein Volck schwerer vnd weiter gehet
lenger weret / als vber ander / das kan von M(
schen nicht ausgedacht werden / Wie der H(
ge Apostel saget / Rom. 11. Wie gar vnbegr(
lich sind seine gericht / vnd vnerförschlich (

W

Wege. Vber welche Wort der Gottselige Lutherus schreibt in der Postill ober die Epistel am
Sontag Trinitatis also. Diese wort S. Pauli ziehen wir nicht auff die frage von der Göttlichen versehung ober einen jedē Menschen in sonderheit / wer da selig oder nicht selig werde. Er
redet aber von dem wunderbarlichem Regiment
Gottes in seiner Kirchen / das die so den Namen
vnd ruhm haben des Volcks Gottes / vnd der
Kirchen (als das volck Jsrahel) vmb ihres Vnglaubens willē verworffen werden. Die andern
aber die zuuor nicht Gottes volck/ vnd vnter dem
vnglauben gewesen/ nu sie das Euangelium an-
nemen/ vnd an Christum gleüben / fur Gott die
rechte Kirche vnd selig werden.

 Wir müssen derhalben das gericht Gottes
vnterscheiden von seiner ewigen Erwelung vnd
außuersehung / Den das gericht ist ein rechtfertig ortheil vnd straffe ober die verstockten vnd
verblendten Gottlosen/ auch ober ihr verstockte
vnd verblendte Geschlecht vnd Volck/ so lange
vnd breidt Gott die Straffe wil gehen lassen/
welchs vns Menschen vnbegreifflich ist / aber
nimmermehr vnrecht / sondern alle zeit recht
vnd wol verdienet ist. In welchem Gericht vnd
    H ij   straffe

straffe der Rechtferdige Go
vmb eines frembden Vnglau
sigkeit willen verdammet. E
chen gottlosen verdammet v
heit vnd Vnglaubens willen.

Mit solchem Gericht n
lein lassen raten/den der thu
ob wir es schon nicht verstehe
müssen auch andere Sprüch
diesem Gericht verstanden
Gott die Gottlosen verlesset
verlassen/geraten in verkert
wie die tollen Küche aus einer
in die ander/vnd also in jhre
vnd verdamniß. Zun Röm
pittel. Gleich wie sie Gott
das sie Gott erkenneten/hat
hin gegeben in verkereten sin
fur das sie die liebe zur warh
genomen/das sie selig wur
jhnen Gott krefftige Jrthu
gleüben der Lügen/auff das
le die der warheit nicht gleü
lust an der Vngerechtigkeit/
jhnen gegeben einen erbitterte

sie nicht sehen/ vnd Ohren das sie nicht hören/ biß auff den heutigen Tag. Solche sprüche reden nicht von Gottes praedestination vnd Außuersehung/ Sondern reden vom rechtfertigen Gericht vnd straffe Gottes.

Also hat Gott durch sein rechtfertig gericht gestraffet/ vnd straffet noch heutiges Tages/ die verblendten vnd verstockten Jüden/ nach ihrem eigen wilkör vnd Fluche/ Matthei 27. Sein Blut kome ober ons/ vnd ober vnsere Kinder. Der willkör vnd fluch kompt ja ober sie/ nach den Worten des 109. Psalms/ Er wolte den Fluch haben/ der wird jhme auch komen. Er wolte des Segens nicht/ so wird er auch ferne von jhm bleiben.

Vnd ist wol zu mercken/ das die Schrifft diese grawsame langwerige straffe nicht der Göttlichen außuersehung/ sondern der Jüden eigen Gottlosigkeit vnd muthwillen zu schreibt/ Wie der Herr Christus selbst auff das gleichniß von den bösen muthwilligen Weingartnern/ so jhres Herrn Knechte vnd eigen Sohn vmbrachten/ zu den verstockten Jüden/ den Mörders der Propheten/ vnd des Sons Gottes sagt Math. 21. Darumb sage ich euch/ das Reich Gottes wird

wird von euch genomen vnd den Heiden gege[ben]
werden / die seine Früchte bringen. Vnd [sagt]
Paulus Acto. 13. Euch muste zu erst das W[ort]
Gottes gesagt werden / Nu ihr es aber von e[uch]
stosset / vnd achtet euch selbst nicht werd des e[wi]
gen Lebens / Sihe so wenden wir vns zu [den]
Heiden. Denn also hat vns der HErr bef[oh]
len.

Die Wort reden ja nicht von der Auß[er]
sehung Gottes / welcher die Jüden durch sei[nen]
eigen Son / vnd durch die Propheten vnd A[po]
stel zur gemeinschafft des Heiligen Euangeli[j]
gnediglichen hat lassen beruffen / sondern re[den]
von der Jüden eigen verstocktem vnd verble[nd]
tem muthwillen vnd bößheit / das sie das Eu[an]
gelion nicht wolten hören / vnd nicht wolten z[um]
Son Gottes Jesu Christo komen / das sie mu[s]
ten Selig werden vnd das Leben haben / [Jo]
han. 5.

Das sagt auch der Apostel S.Paulus z[u den]
Römern im 11. Capit. Nemlichen / das die v[er]
stockten vnd verblenden Jüden nicht sind du[rch]
Gottes außersehung verworffen / sondern v[mb]
jhres vnglaubens willen. Denn also spricht [er]
So sage ich nu / sind sie darumb angelauffe[n]

das sie fallen solten? das sey ferne. Vnd weiter im selben Capittel. Sie sind zubrochen vmb jres Vnglaubens willen.

Vnd das ja der Heilige Apostel diese seine Wort nicht wolle verstanden haben / als solte Gott in seiner ewigen ausuersehung also es geordnet haben / das die Jüden solten also fallen / zu ihrer ewigen verdamnis / Darumb sagt er auch im selben Capittel / das die abgebrochen Jüden / so sie nicht bleiben in dem Vnglauben / werden sie eingepfropffet werden / Gott kan sie wol wieder einpfropffen. Wie denn ja auch zu allen zeiten etliche aus den Jüden widerumb bekeret sind / vnd von Gott zu gnaden angenomen. Dauon Exempel stehen in der Apostel Geschefften. Vnd S. Paulus selbst ist aus einem verstockten vnd verblendten Jüden / ein Heiliger Apostel JEsu Christi / durch die gnad vnd Barmhertzigkeit Gottes worden.

Also wird durch die Sprüche von dem vnbegreifflichem gericht Gottes / keinerley weis die tröstliche Lehre von Gottes gnediger Erwelung vnd ausuersehung in JEsu Christo / vnd derselbigen Offenbarung in der zusage vnd Predige
des

des Heiligen Euangelij/ vngewiß vnd zwe
hafftig gemacht/ viel weiniger vmbgestossen
vernichtet. Sondern wird ein jeder dadurch
Busse vermanet/ das er nicht nach seinem
steckten vnd onbußfertigen Hertzen/ sich s
heuffe den zorn Gottes/ auff den Tag des zc
vnd der Offenbarung des gerechten Geric
Gottes. Rom. 2. Solche vermanung halte
Heilige Paulus vns allen für an die Ebreer
3. Capit. aus dem 9 c. Psalm. Darumb
der Heilige Geist spricht/ Heute so ihr h
werdet seine stimme/ so verstocket ewre Her
nicht/ Als geschach in der verbitterung am
der versuchung in der Wüsten / da mich e
Veter versuchten.

 Aus diesem gründtlichen bericht ist k
wie die Wort S. Pauli zuverstehen sind/ R
9. So erbarmet sich nu Gott welchs er wil/
verstocket welchen er wil. Den er wil sich erb
men aus lauter gnad/ ohne alle werck vnd
dienst/ aller der jenigen/ welche den HErrn
sum Christum/ vnd die zusage des heiligen
angelij/ mit dem glauben annemen/ wenn
schon der Mörder am Creütze ist. Dagegen
er durch sein richtfertig Gericht straffen alle

jenigen / welche seine gnade vnd Barmhertzigkeit / in Christo JEsu / durch das Euangelium geprediget vnd angebotten / durch jhr verstocket Hertze verachten vnd von sich stossen / wenn es auch nach dem außwendigem schein eitel heilige Phariseer vnd Jsraeliten weren. Dauon sagt Christus / Johan. 3. Das ist das gerichte / das das Liecht in die Welt komen ist / vnd die Menschen liebeten die Finsternis mehr deñ das Liecht / denn jhre werck waren böse. Es soll aber dabey werden gemercket / das der liebe Gott jmmerda auch in der straffe dieses Lebens / gedencket / vnd nimmer mehr vergisset seiner gnade vnd Barmhertzigkeit / an alle die Busse thun vnd den Herrn JEsum Christum / der jhnen geprediget wird / mit dem glauben annemen. Wie im Ersten Capittel Johannis geschrieben stehet. Er kam in sein Eigenthumb / vnd die seinen namen jhn nicht auff. Wie viel jhn aber auffnamen / denen gab er macht Kinder Gottes zu werden / die da an seinen Namen gleüben.

   Auch ist aus diesem gründtlichem bericht klar der rechte verstand der Wort zu dem Pharao. Darumb habe ich dich erwecket / das ich an dir meine macht erzeige / auff das mein Name

J

me verkündiget werde in allen Landen. Ne[m]
chen/das Gott nicht lenger hat wollen le[iden]
vnd dülden/des Pharao verstockten muth[wil]
len vnd bößheit/ Sondern hat jhn gestra[fft]
durch sein rechtfertig gericht vnd gerechten zo[rn/]
welchen Pharao selbs vber sich geheüffet ha[t/]
das Gott jhn/wie eine tolle Kuhe (Osee [...])
ließ lauffen vnd rennen in das Rote Meer/[zu]
seinem zeitlichen vnd ewigem verderb vnd [ver]
damnis/ Auff das solch Göttlich gericht [vnd]
straffe/der gerechtigkeit vnd macht Gottes [vber]
die verstockte/vnbusfertige/muthwillige G[ott]
losen/in der ganzen Welt verkündiget vnd [be]
kandt werde. Wie denn auch Moses vnd [die]
Kinder Israhel von diesem Gericht vnd str[affe]
Gotts/vber den muthwilligen verstockten P[ha]
rao gesungen haben/vnd die Heilige Christl[iche]
Kirche noch jmmerdar mit jhnen singet/E[xod.]
15. Ich wil dem HErrn singen/der hat [eine]
herrliche That gethan/Roß vnd Wagen ha[t er]
ins Meer gestürtzet.

Wenn auch aus demselbigen 9. Cap[itel]
an die Römer wird eingefürt die gleichnis v[om]
Töpffer/Nemblichen/Hat nicht ein Töp[ffer]
macht/aus einem klumpen zu machen ein F[aß]

zun Ehren / vnd das ander zu vnehren? Daraus diese volge der Schlußrede gemacht wird / das derhalben auch Gott etliche Menschẽ / nach seiner ewigen Außuersehung / erschaffe vnd mache zu Fessen der verdamnis / das sie nicht sollen selig werden. Als ist abermals zu antworten aus warem grund vnd Fundament Gottliches Worts / das diese volge der Schlußrede falsch vnd nicht war ist / Den dis ist wider die vnwandelbare warheit des Heiligen Euangelij / von Gott selbst durch seinen Son Jesum Christum / vnd den heiligen Geist offenbart / vnd ist wieder den tewren Göttlichen Eidt / welchen der liebe Gott bey seinem eigen Leben / das ist / bey sich selbst geschworen hat. So warlich als er ein lebendiger Gott ist / so hat er keinen gefallen am Tode des Gottlosen / sondern das er sich bekere vnd lebe. Derhalben auch / so warlich als Gott ein Lebendiger Gott ist / so ist diese falsche volge der Schlußrede gegen Gottes warheit ertichtet vnd erlogen / Das Gott etliche Menschen nach seiner ewigen ausuersehung erschaffe vnd mache zur verdamnis / das sie nicht sollen Selig werden.

Demnach muß auch dieser gleichniß
ter vnd warer verstand aus Gottes Wort /
also auch aus S. Pauli eigen worten / w
ja des Heiligen Geistes wort sind / gesucht
den. So befindet es sich / das S. Paulus
dieser gleichniß keinerley weiß wolle bewei
das Gott in seiner ewigen Außuersehung
Erwelung / habe etliche Menschen allein
uersehen vnd erwelet zur Seligkeit / vnd die
dern habe ausuersehen vnd erwelet zur verd
niß / vnd das er darauff etliche Menschen
schaffe vnd mache zur seligkeit / die andern
erschaffe / vnd bereite nach seiner ewigen auß
sehung zur verdamniß. Dan so weren die
des Heilgen Pauli an die Epheser im E
Capittel / Vnd 1. Corin. 2. Von der Offe
rung der erwelung vnd Ausuersehung G
im Heiligen Euangelio / zusampt dem te
Heiligen Eidt Gottes falsch vnd erlogen.
muste auch das Wort in der Bibel verer
werden / Gott sahe an alles was er gem
hatte / vnd sihe da es war sehr gut. Vnd m
auch alle Euangelische zusagen vnd Pre
durch die gantze Bibel verendert / Vnd fur
Wort (ALLE) ein ander Wort (etliche)

setzet vnd geschrieben werden. Welches die warheit Gottes nicht kan leiden/ vnsere Christliche glaube vnd Religion kan es auch nicht leiden/ Denn wir müssen vnsere Heilige Bibel also behalten wie sie vom Heiligen Geist geschrieben/ vnd von Gott vns gegeben ist.

Derhalben mus diese gleichniß nicht verstanden werden von der ewigen Ausuersehung Gottes / Sondern von dem Regiment Gottes/ das die verstockten Jüden sind verworffen/ vnd die gleubige Heiden angenomen / damit Gott doch niemand vnrecht thut / weil er dieses so wol macht hat/ als der Töpfer macht hat vber seinen Thon. Diese rechte deutunge weisen die Wort im 18. Capittel Jeremie. Nemlichen.

Das ist das wort das geschach vom Herrn zu Jeremia. Mach dich auff / vnd gehe hinab in des Töpffers Hauß / daselbst wil ich dich meine Wort hören lassen. Vnd ich gieng hinab in des Töpffers Hauß / vnd sihe / er erbeitet eben auff der Scheiben. Vnd der Topff so er aus dem Thon machet/ mißriet jhm vnter Henden. Da machet er wiederumb ein andern Topff / wie es jhm gefiel. Da geschach des HErrn Wort zu mir / vnd sprach / Kan ich nicht auch also mit

J iij Euch

Euch vmbgehen / Ihr vom Hause Israel
dieser Töpffer spricht der HErr. Sihe wi
Thon ist in des Töpffers hand/ also seid jhr
vom Hause Israel in meiner hand. Plötzlic
de ich wider ein Volck vnd Künigreich / das
ausrotten zerbrechen vnd verderben wolle.
sichs aber bekeret von seiner bößheit / da ir
ich rede / so sol mich auch rewen das vnglück
ich jhm gedacht zu thun. Vnd plötzlich red
von einem Volck vnd Künigreich / das ichs
wen vnd pflantzen wolle. So es aber böses
fur meinen Augen / das es meiner stimme r
gehorchet / So sol mich auch rewen das gut
ich jhm verheissen hatte zu thun.

 Dieselbige deütung stehet auch in S P
li eigen Worten so auff diese gleichniß folg
Den von den Gefessen der Barmhertzigkeit
Ehren spricht er / das Gott dieselbige zur her
keit bereitet hat / wie er auch zuuor gesagt h
Es ligt nicht an jemandes wollen oder lauff
sondern an Gottes erbarmen. Aber von den (
fessen des zorns spricht er nicht / das Gott di
bige zu Gefessen des zorns gemacht oder bere
habe / Denn dazu sagt er lauter nein / 1. Th
5. Gott hat vns nicht gesetzet zum zorn /

dern die Seligkeit zu erwerben / durch vnsern HErrn JEsum Christum der fur vns gestorben ist. Also spricht er aber von den Gefessen des zorns. Gott hat mit grosser gedult getragen die Gefesse des zorns / die da zugerichtet sind zur verdamniß.

Hie zwischen ist ja ein grosser vnterscheid / die Gefesse des zorns zu richten zur verdamniß / vnd die Gefesse des zorns welche zur verdamniß zugerichtet sind / mit grosser gedult tragen. Das ein ist Gottes werck / Nemlichen / die gefesse des zorns mit grosser gedult tragen. So muß vnd kan das ander nicht Gottes werck sein / nicht der göttlichen außersehung / vnd auch nicht der Schöpffung / Nemlichen / die gefesse des zorns zurichten zur verdamniß. Welches werck aber das sey / Nemlichen das es sey des Teüffels vnd des argen verdorbenen Fleisches werck / solchs sagt der HErr Christus im achten Capittel Johannis zu den verstockten Jüden. Ihr seid von dem Vater dem Teüffel / vnd nach ewrs Vaters lust wolt ihr thun / derselbig ist ein Mörder von anbegin.

Item. Wenn er die Lügen redet so redet er von seinem eigen / denn er ist ein Lügener vnd ein Vater

Vater derselbigen. Vnd der Apostel S. ͏
lus Rom. 2. Verachtestu den den Reicht͏
seiner (Gottes) güte/ gedult/ vnd langm͏
keit? Weissestu nicht/ das dich Gottes güt͏
Busse leitet? Du aber nach deinem versto͏
vnd vnbusfertigen Hertzen/ heüffest dir selb͏
zorn/ auff den Tag des zorns vnd der Offe͏
rung des gerechten Gerichts Gottes. Vr͏
Cor. 4. Der Gott dieser Welt verblende͏
Vngleübigen sinn/ das sie nicht sehen das͏
Liecht des Euangelij von der klarheit Ch͏
Vnd in den Geschefften der Aposteln Capit͏
saget S. Paulus zu den verstockten Jüden.͏
stosset das Wort Gottes von Euch/ vnd a͏
euch selbs nicht werd des ewigen Lebens. D͏
ja eben so viel/ als wan er spreche/ Nicht E͏
sondern jhr selbs bereiten euch durch verfü͏
des Teüffels zu Gefessen des zorns vnd verk͏
nis.

Dabey sol aber auch der Trost ange͏
cket werden/ das Gott die Gefesse des zo͏
kan durch die newe Geburt wiederumb zu͏
fessen der Barmhertzigkeit machen. We͏
Trost ist auch in selbigem gleichnis furgeb͏
Jeremie 18. Sihe er (der Töpffer) arbeitet

auff der Scheiben / vnd der Topff so er aus dem Thon machet / mißriet ihm vnter Henden / da machet er wiederumb ein andern Topff wie es ihm gefiel. Welches Gott mit vns thut in der Wiedergeburt vnd vernewerung des Heiligen Geistes / vnd bekerung / wie er in der bekerung aus dem mißgeraten Saulo / einen heiligen Apostel Paulum gemacht hat zu seinem auserweltem Gefesse vnd Rustzeüg. Acto. 9. Es sagt auch S. Paulus aus selbigem gleichnis / 2. Timot. 2. In einem grossen Hause sind nicht allein Güldene / vnd Silbern Gefesse / sondern auch Hültzerne vnd irdische / vnd etliche zu Ehren / etliche aber zu vnehren. So nu jemand sich reinigt von solchen Leüten / der wird ein geheiliget Faß sein zu den Ehren / dem Haußherrn breüchlich / vnd zu allen guten wercken bereitet.

Wo auch diese Wort des HErrn Christi eingefürt werden / viel sind berauffen / aber weinig sind auserwelt. Vnd des Apostels S. Pauli an die Römer im 11. *Electio consecuta est, reliqui autem excæcati sunt.* Die Wale erlanget es / die andern sind verstocket oder verblendet. Derhalben habe Gott vber vnd gegen das offenbare Euangelium / noch einen andern heimlichen verborgenen

Rath vnd willen / dadurch er allein etliche
nige habe erwelet vnd außuersehen zur seligḳ
die andern aber zur verdamnis.

  Sol darauff furs erst aus dem fundaṫ
des Eidts Gottes werden geantwortet / daṡ
se volge der Schlußrede ist wider den warḣ
tigen Eidt des lebendigen Gottes / vnd ist ȧ
wider das Heilig Euangelium Jesu Christi /
innen das geheimnis der ausuersehung vnḋ
welung Gottes (Ephes. 1. 1. Corin. 2.) ḋ
den Son Gottes / vnd heiligen Geist ist offeṅ
ret / nicht stücks weise / sondern vollkomen /
der Son Gottes sagt / Joh. 15. Alles waṡ
von meinem Vater habe gehöret / hab ich
kund gethan. Vnd der Apostel S. Paȯ
sagt / 1. Corinth. 2. Wir haben Christus ṡ
Vnd Acto. 20. Ich habe euch nichts veṙ
ten / das ich nicht verkündigt hette alleṅ
Rath Gottes. Derhalben kan die volge ḋ
Schlußrede nicht recht vnd war sein / soṅ
mus falsch vnd vnrecht sein / So warlicḣ
Gott ein Lebendiger Gott ist / vnd sein Ė
JEsus Christus die warheit ist / vnd der Hė
Geist ein Geist der warheit ist.

Demnach ſoll auch ein richtig vnd klar antwort genommen werden aus der gleichniß Chriſti von der Hochzeit / Matth. 22. Welche gleichniß der HErr Chriſtus beſchleüſt mit dieſem Spruch / Viele ſind berauffen / aber wenig ſind auserwelet. Derhalben auch ja billich das des HErrn Chriſti eigen deütung aus derſelbigen gleichnis geſucht vnd behalten werde. Da ſtehen dieſe Wort. Das Himelreich iſt gleich einem Künig / der ſeinem Sohn Hochzeit machte / vnd ſandte ſeine Knechte aus / das ſie den Geſten zur Hochzeit ruffeten / vnd ſie wolten nicht komen. Abermals ſandte er andere Knechte aus / vnd ſprach. Saget den Geſten / Sihe / Meine Malzeit habe ich bereitet / Meine Ochſen vnd mein Maſtvieh iſt geſchlachtet / vnd alles bereit / Komet zur Hochzeit. Aber ſie verachteten das.

Dieſes Künigs Son iſt vnſer Herr Jeſus Chriſtus / der Sohn Gottes / der Breütigam ſeiner Chriſtlichen gemein oder Kirchen. Die beruffung der Geſte zur Hochzeit geſchicht durch die Predigt des Heiligen Euangelij / von anbeginn her / Wie der Breütigam

Jesus Christus seinen Jüngern sagt. Gehe[t]
in die gantze Welt / Predigt das Euange[lium]
aller Creatur / Leret alle Völcker etc. Von d[ieser]
beruffung spricht der Apostel S. Paulus [1.]
Thess. 2. Wir sollen Gott dancken alle zeit [von]
euch / geliebte Brüder von dem Herrn / das
Gott erwelet hat von anfang zur Seligkei[t in]
der Heiligung des Geistes / und im glaub[en der]
warheit / darin er euch beruffen hat / durc[h un]
ser Euangelium zum herlichen Eigenthum[b un]
sers Herrn Jesu Christi. Und 2. Timo. 1. [Gott]
hat uns selig gemacht / und beruffen mit e[inem]
heiligen Ruff / nicht nach unsern wercken / [son]
dern nach seinem fursatz und gnade / die un[s ge]
geben ist in Christo Jesu / von der zeit der [welt]
itzt aber offenbaret durch die erscheinung u[nsers]
Heilandes Jesu Christi.

  Weil dann S. Paulus sagt / das die [be]
ruffung geschicht nach dem fursatz der g[naden]
Gottes die uns gegeben ist in Christo Jesu [vor]
der zeit der Welt / und offenbaret ist durch [das]
Euangelium Jesu Christi / Nemlichen / Als[o hat]
Gott die Welt geliebet / das er seinen Ein[gebornen]
Son gab / auff das alle die an jhn gleüben [nicht]
verlorn werden / sondern das ewige Leben

ben / Denn Gott hat seinen Son nicht gesandt in die Welt / das er die Welt richte / sondern das die Welt durch jhn selig werde. Als mus ja derhalben das Wort (weinig sind auserwelet) nicht werden verstanden (a priore) von dem fursatz der ewigen Außuersehung oder Erwelung Gottes / das der allein auff weinige sey gerichtet. Sondern mus verstanden werden (à posteriore) das die beruffung welche geschicht nach dem fursatz der gnade Gottes durchs Heilige Euangelium / von weinigen wird mit dem glauben angenomen. Denn der grösseste hauffe wil den beruff des heiligen Euangelij nicht annemen / wie von den beruffen Gesten gesagt wird / Sie wolten nicht komen / Jtem / sie verachteten es. Jtem / Er fand einen der hatte kein Hochzeits Kleid an. Vnd Johan. 5. Sagt Christus zu den Jüden. Jr wolt nicht zu mir komen / das jhr das Leben haben mochtet. Vnd Matthei 23. Jerusalem Jerusalem die du tödtest die Propheten / vnd steinigest die zu dir gesand sind / wie offt habe ich deine Kinder versamlen wollen / vnd jhr habt nicht gewolt. Vnd zun Römern im 10. Capit. sagt S. Paulus dasselbig. Sie sind nicht alle dem Euangelio gehorsam / denn Esaias spricht / Wer gleübet vnser Predige.

K iij   Das

Das ist fur vnd fur die klage Gotte
west / durch die lieben Propheten vnd
steln/ vnd wird auch also bleiben biß an
End der Welt / Wie der HErr Christus
klaget / Esaie 56. vnd wird vom Aposte
gezogen / Rom. 10. Den gantzen Tag
be ich meine Hende außgestrecket zu
Volck / das jhm nicht sagen lesst / vnd
derspricht. Darumb werden auch die w
ge außerwelte / welche den Beruff des E
gelii mit dem Glauben annemen / in der
rifft genennet (*R. liquiæ*) die vbrigen / oder
gebliebene. Als Rom. 9. aus dem 10.
pittel Esaie. Esaias aber schreiet fur Isra
Wenn die zal der Kinder Jsrahel wurde
wie der Sand am Meere / so wird doch
vbrige Selig werden. Item aus dem E
Capittel Esaie. Wenn vns nicht der H
Zebaoth hette lassen Samen (Jm Esaia
het ein weiniges) vberblieben / so weren
wie Sodoma worden / vnd gleich wie
morra. Vnd Roma. 11. Aber was sagt
(dem Elia) das Göttliche Antwort?

Ich habe mir lassen vber bleiben sieben tausend Man / die nicht haben ihre Knie gebcüget fur dem Baal. Also gehets auch jetzt zu dieser zeit mit diesen vberbliebenen / nach der Wale der gnaden. Klarlich wird dieser Spruch von den weinigen außerwelten / gedeütet durch die wort / Johan. 1. Die seinen namen jhn nicht auff / Wie viel jhn aber auffnamen / den gab er macht Kinder Gottes zu werden / die da an seinen Namen gleüben.

Gleicher weiß mus auch der Spruch im selbigen 11. Capittel an die Römer verstanden werden (*Electio consecuta est reliqui excæcati sunt*) die wale erlanget es / die andern sind verstockt oder verblendet / welcher verstockung oder verblendung vrsache nicht sol gesucht werden in der Ewigen Außuersehung Gottes / Denn Gott wil das allen Menschen gehulffen werde vnd zu erkentniß der warheit komen. 1. Timoth. 2. Sondern es weiset der Apostel selbst die vrsache solcher verstockung oder verblendung / mit diesen Worten / 2. Corinth. 4. Ist vnser Euangelium verdecket / so ists in denen die verlorn werden verdecket / Bey welchen der Gott dieser Welt der vngleübigen sinn verblendet hat /

das

das sie nicht sehen das helle Liecht des Eua
von der klarheit Christi. Vnd der Prophet
charias/ Cap. 7. Sie wolten nicht auf
cken/ Item/ Sie verstockten jhre Ohren d
nicht höreten/ vnd stelleten jhre Hertzen w
Demant/ das sie nicht höreten das Gese
Wort/ welche der Herr Zebaoth sandte i
nem Geiste durch die vorige Propheten.

 Wenn dagegen wird eingefürt / da
Künig zu seinen Knechten spricht. Die Ho
ist zwar bereitet/ aber die Geste warens
werd/ darumb sey die vnwirdigkeit der gel
Geste aus der Außuersehung Gottes. A
darauff furs erst geantwortet werden mit
Eidt Gottes zusampt den zuuor angezo
Sprüchen der Heiligen Schrifft. Dar
auch durch die klare deütung vnd ausslegun
Heiligen Geistes/ vber diese Wort (die
warens nicht werd) Jm 13. Capit. der Ges
te der Aposteln/ da S. Paulus zu den verb
ten vngleübigen Jüden also spricht. Euch
zu erst das Wort Gottes gesagt werden/
es aber von euch stosset/ vnd achtet euch
nicht werd des ewigen Lebens/ Sihe/ so
den wir vns zu den Heiden/ denn also hat

der HErr geboten. Damit stimmet vberein das im 14. Capit. Luc. in der gleichniß vom grossen Abendmal / der Haußherr spricht von den geladenen Gesten / welche nicht wolten komen / also. Ich sage euch das der Menner keiner / die geladen sind / mein Abendmal schmecken wird.

Wan auch aus demselbigen 13. Capit. der Gescheffte nachfolgende Wort eingefürt werden / Nemlichen / da es aber die Heiden höreten / wurden sie fro / vnd preiseten das Wort des Herrn / vnd wurden gleubig / wie viel jhrer zum ewigen Leben verordnet waren. Das derhalben Gott habe in seiner praedestination oder außuersehung / vber das offenbarte Euangelium noch einen andern heimlichen verborgenen Rath vnd willen / dadurch er allein etliche Menschen dazu habe verordnet / das dieselbigen sollen gleuben vnd selig werden / die andern aber dazu habe verordnet das sie nicht sollen gleuben vnd nicht sollen selig werden. Als sol abermals zu erst geantwortet werden / das Gott selbst diese falsche volge der Schlußrede straffet vnd vmbstosset mit seinem tewren Eidt / bey seinem eigen Leben / vnd mit der Offenbarung des geheimnis seiner erwelung durch seinen lieben Sohn / vnd

L

Heili

Heiligen Geist / im wort d
lij.

Demnach wird auch
Schlußrede klarlichen ge[…]
sen/ durch den spruch des […]
Gott wil das allen Mensc[…]
vnd zu erkentnis der warh[…]
ist ein Gott / vnd ein M[…]
vnd den Menschen / Nem[…]
Jesus Christus / der sich […]
alle zur erlösung / Das sol[…]
predigt wurde. Vnd 1. P[…]
das jemand verlorn werde[…]
der man zur Buß-cere. J[e]-
sus Christus ist die versönu[ng]
nicht allein aber fur vnser /
gantzen Welt.

Derhalben müssen di[e]
gleübig / wie viel jhrer zum
net waren) nicht gedeütet […]
Gottes / vnd gegen die of[…]
lung / vnd außuersehung G[ottes]
angelio / auff das nicht zwe[…]

kuntatis) ſtritige willen in Gott ertichtet werden/ Ein wille im Euangelio offenbaret/ dadurch er leſſet alle Menſchen beruffen/ vñ ein ander heimlicher verborgener wille/ dadurch er nicht wolle das alle Menſchen/ ſondern allein etliche den beruff des Euangelij ſollen annemen/ die andern aber den beruff des Euangelij nicht ſollen annemen/ ſondern ſollen ewig verdammet ſein vnd bleiben. Dann wan das war were/ welchs ja nicht war iſt/ So were der warhafftige Gott in ſeinem Eid/ vnd in der offenbarung vnd wort des Heiligen Euangelij lügenhafftig/ der anders in ſeinem Wort ſchweret/ redet vnd Predigen leſſet/ vnd dagegen heimlichen anders ſey geſinnet/ vnd auch anders dagegen mit vns Armen Menſchen handele. Vnd were alſo vnſere Heilige warhafftige Bibel/ ein zweiffelhafftig Buch/ darauff ſich niemands mit gewiſſem glauben konte verlaſſen/ vnd gewiſſen Troſt daraus faſſen.

Sondern es muß dieſer Wort rechter verſtand vnd deütunge geſucht werden in dem offenbarten

L ij

barten Euangelio von dem willen Gottes
seiner verordnung zur Seligkeit vnd ewige[m Le]
ben. Dauon der Son Gottes Jesus Ch[ristus]
also spricht / Johan. 3. Also hat Gott die [Welt]
geliebet das er seinen einigen Son gab / au[ff das]
alle die an jhn gleüben nicht verlorn werden[/ son]
dern das ewige Leben haben. Denn Go[tt hat]
seinen Sohn nicht gesand in die Welt das [er die]
Welt richte / sondern das die Welt durch [jhn se]
lig werde. Wer an jhn gleübet / der wird [nicht]
gerichtet. Wer aber nicht gleübet / der ist [schon]
gerichtet/ den er gleübet nicht an den Name[n des]
Eingeborn Sons Gottes. Vnd im selbe[n Ca]
pittel sagt Johannes der Teüffer / Wer a[n den]
Sohn Gottes gleübet / der hat das ewig L[eben.]
Wer dem Son Gottes nicht gleübet / der [wirt]
das Leben nicht sehen / sondern der zorn G[ottes]
bleibt ober jhm. Vnd der Apostel Joha[nnes]
der ersten Epistel im 5. Capittel. Das i[st das]
Zeügnis / das vns Gott das ewige Leben h[at ge]
geben / vnd solchs Leben ist in seinem Son/ [Wer]
den Son Gottes hat / der hat das Leben / [Wer]
den Son Gottes nicht hat / der hat das [Leben]
nicht.

    Diese verordnung hat Gott inn s[einem]

Rath vnd ewiger Außuersehung gemacht / vnd durch seineu Eingeborn Son vnd heiligen Geist im heiligen Euangelio offenbaren vnd Predigen lassen. Das alle die an den Sone Gottes JEsum Christum gleuben sollen nicht verlorn werden / sondern das ewige Leben haben / Welche aber an den Son Gottes Jesum Christum nicht gleuben / dieselbige sollen das ewige Leben nicht haben / sondern verdammet werden / nicht vmb der ewigen Außuersehung Gottes willen / welche niemande ist eine vrsache zur Sünde vnd zur verdamnis / Sondern vmb jhres eigen vnglaubens willen. Wie der Sohn Gottes zu den vngleubigen Jüden saget / Johan. 5. Jhr wollet nicht zu mir komen / das jhr das ewige Leben haben mochtet.

Von der verordnung Gottes zur seligkeit vnd ewigem Leben / im Rath seiner Erwelung vnd außuersehung / schreibt S. Paulus im Ersten Capittel an die Epheser also. Gott hat vns erwelet durch Christum / ehe der Welt grund gelegt war / das wir solten sein Heilig vnd vnstrefflich fur jhm in der liebe. Vnd hat vns verordnet zur Kindschafft gegen jhm selbst durch JEsum Christ / nach dem wolgefallen seines willen zu

L iij lob

lob seiner herlichen Gnade / durch welche e[r]
hat angenem gemacht in dem geliebten.
bald hernach. Durch welchen wir auch [zum]
Erbtheil komen sind / die wir zuuor veror[dnet]
sind / nach dem fursatz des / der alle ding wi[rcket]
nach dem Rath seines willens / Auff das w[ir]
was sein zu lob seiner herligkeit / die wir z[uuor]
auff Christum hoffen.

Bey diesem antwort sol auch werden
gemerckt das die Euangelische Predigt / w[ie]
S. Paulus im selbigen Capittel gethan [hat]
gleich wie alle andere Predigen des Euang[elii]
nicht ist dahin gerichtet geweft / das allein e[tliche]
solten dadurch zum Glauben bekeret wer[den]
Dann also stehet im ersten Capittel Joha[nnis]
von der Predige des Euangelii geschrieben. [Es]
ward ein Mensch von Gott gesand / der [hies]
Johannes / derselbig kam zur zeügnis / da[s er]
von dem Liecht zeügete / auff das sie alle d[urch]
ihn gleübeten. Denn (sagt S. Paulus 1. Ti[m.]
2.) Gott wil das allen Menschen gehulffen [wer]
de / vnd zu erkentnis der warheit komen. Vn[d an]
die Colosser im ersten Capittel schreibt er a[lso]
Wir verkündigen Christum / vnd ermanen [alle]
Menschen / vnd leren alle Menschen mit [allen]

Weißheit/auff das wir darstellen einen jeglichen Menschen volkomen in Christo Jesu. Daran ich erbeite/vnd ringe nach der wirckung des/der in mir krefftiglich wircket. Der vrsachen halben gibt auch S. Paulus in diesem 13. Capittel nicht der Göttlichen Außuersehung/die schuld vnd vrsach des Vnglaubens in den jenigen/welche die Euangelische Predige nicht wolten annemen/sondern dagegen wiedersprachen vnd lesterten. Sondern spricht zu ihnen also. Nu ihr es von euch stosset/vnd euch selbs nicht werd achtet des Ewigen Lebens/Sihe/so wenden wir vns zu den Heiden/Denn also hat vns der HErr befohlen.

Damit er ja klarlich anzeiget/das nicht Gott mit seiner ewigen Außuersehung/sondern die Jüden vom Teüffel verblendet vnd verstockt/selbst ihres Vnglaubens vnd verdamnis vrsach sind vnd schuld haben. Wie auch der HErr Christus zu den verblendten Jüden sagt/Johan. 5. Ihr wollet nicht zu mir kommen/das ihr das ewige Leben haben mochtet. Dauon zuuor mehr Zeügnissen der Schrifft angezogen sind.

Wo

Wo auch Argumente eingefürt werde(n)
der *præscientia Dei*, das ist / dauon das Gott
zuuor weiß ehe es geschicht / als sol darauf
lecht vnd recht werden geantwortet / das (durch)
das wissen Gottes nicht wird der Eid G(ottes)
zusampt der offenbarung vnd zusage des hei(ligen)
Euangelii vmbgestossen. Dan das wissen (Got)
tes ist keinem Menschen ein vrsache zur S(ünde)
vnd vnglauben vnd zur verdamniß. Vnd n(och)
auch in Gott keinen andern willen / wide(r)
gegen den willen welchen er durch seinen ei(ngebornen)
Son vnd heiligen Geist / im wort des Hei(ligen)
Euangelii offenbaret / vnd mit seinem the(uren)
allerheiligsten eid beschworen vnd befestige(t)
So warlich als ich lebe spricht der Herr H(err)
Ich habe keinen gefallen am Tode des G(ottlo)
sen / sondern das sich der gottlose bekere vo(n sei)
nem wesen vnd lebe. So bekeret euch doc(h)
von ewrem bösen wesen. Warumb wo(llet)
sterben ihr vom Hause Israel?

Also ist aus grunde vnd warem funda(ment)
Göttliches wortes beweiset vnd bezeüget,
jene Lere falsch vnd wider die warheit Gotte(s)
Nemlichen / das der liebe getrewe vnd war(hafh)
tige Gott gegen vnd vber den offenbarten n(emlich)

seiner Außuersehung vnd Erwelung / so vns im
Heiligen Euangelio aus Göttlicher Heiliger
Schrifft gepredigt wird / noch einen andern
heimlichen Rath vnd willen seiner Außuersehung vnd Erwelung bey sich verborgen halte /
dadurch er allein etliche Menschen zur seligkeit /
die andern aber zur verdamnis habe von ewigkeit ausuersehen / das sie nicht sollen bekeret vnd
Selig / sondern ewiglich verdammet werden.
Durch welch falsch geticht die gantze Lehre der
Göttlichen Heiligen Bibel / das ware lebendig-
machende Wort des heiligen Euaugelij mit den
heiligen Hochwirdigen Sacramenten / vnd mit
dem Christlichem gebett / vnd anruffung Gottes / mit Predigen vnd Predigen hören / in der
that vnnütze / vnnötig vñ zu nicht gemacht wird /
vnd wird damit Armen betrübten Selen vnd
Hertzen genomen der rechte gewisser Trost des
heiligen Euangelij / welchs ist das Wort des Lebens / vnd die krafft Gottes zur seligkeit allen die
daran gleüben. Vnd werden also viele arme
Seelen gebracht in verzweiffelung zu ihrer ewigen verdamnis / wo sie nicht durch sonderliche
gnade des Heiligen Geistes / aus diesem falschen
ertichten irthumb errettet werden. Denn in sol-
M chem

chem ertichtem Jrthumb kan kein Mensch
der im Leben oder im sterben seiner Seligke
wisse sein / vnd kein Mensch kan in solchen
thumb ein mal mit warem Glauben ein L
vnser beten / oder ein mal mit gewisser zuuer
des Hertzen sprechen. Ich gleube vergebun(
Sünden / vnd ich gleube ein ewig Leben.

  Derhalben sol ein jeder Christ sich fu
chem Jrthum / vnd verfürischer Lere fleissi(
ten / durch die gnad vnd beystand des Hei
Geistes / vnd sol dem lieben getrewen Gott
vnd Nacht von Hertzen dancken / fur das E
liche Buch der Heiligen Bibel / darin vns
warhafftig Euangelium von der Göttl
Außuersehung vnd Erwelung in Christo
su / zu vnserm warhafftigem gewissen T
vnd gewisser versicherung vnser Seligke
offenbaret / welcher gewisser Trost auch (
gleübigen / durch die tegliche Predigt des H
gen Euangelij / vnd durch die Heilige Ta(
Absolution / vnd Abendmal des waren L
vnd Bluts vnsers HErrn JEsu Christi /
auch durch das pfand vnd Zeügnis des H
gen Geistes wird verwisset / verpfendet / ve

gelt vnd befestiget / Auff das wir ja an vnser Außuersehung vnd Erwelung zur seligkeit vnd ewigem Leben in Christo Jesu nicht sollen / vnd nicht dürffen zweiffeln. Sondern in fester gewißheit vnsers glaubens vnd hoffnung in Christo Jesu / gegen allerley anfechtung / noth / vnd Creütze / im leben vnd sterben / waren vnd stercken vnd bestendigen Trost in vnser Seele vnd Hertzen halten / vnd mit dem Heiligen Apostel S. Paul also mit frölicher zuuersicht sprechen können. Rom. 8. Wer wil vns scheiden von der liebe Gottes? trübsal oder angst / oder verfolgung / oder Hunger oder blosse / oder fehrligkeit oder Schwert? Aber in dem allen oberwinden wir / vmb des willen der vns geliebet hat. Denn ich bin gewiß / das weder Tod noch Leben / weder Engel noch Fürstenthumb / noch gewalt / weder gegenwertiges noch zukünfftiges / weder hohes noch tieffes / noch keine andere Creatur / mag vns scheiden von der liebe Gottes / die inn CHristo JEsu ist vnserm HErrn.

Mit dieser gewissen versicherung vnser ausuersehung vnd Erwelung zur seligkeit vnd ewi-
N ij gem

gem Leben in Jesu Christo / welche vns alle
ge durch das pfand vnd zeügnis des Hei
Geistes / im Wort des heiligen Euangelij /
Heiligen Sacramenten wird verwisset /
pfendet vnd versiegelt / trösten vns nachfolg
Sprüche der Heiligen Göttlichen Schrifft

Der Sohn Gottes Jesus Christus
Herr spricht also im 10. Capittel Johan
Meine Schafe hören meine stimme / vn
kenne sie / vnd sie folgen mir / Vnd ich gebe
das Ewige Leben / vnd sie werden nimmert
vmbkomen / vnd niemand wird sie mir aus
ner Hand reissen. Der Vater der mir sie g
ben hat / ist grösser denn alles / vnd niemand
sie aus meines Vaters hand reissen. Ich vn
Vater sind Ein.

Vnd Johannis 17. Vater ich wil /
wo ich bin / auch die bey mir seien die du m
geben hast / das sie meine herligkeit sehen d
mir gegeben hast.

Auff solche Wort des HErrn Jesu C
spricht der Apostel S. Paulus / 1. Cor. 1.
ist trew durch welchen ihr beruffen seid zu
meinschafft seines Sohns JEsu Christi v
HErrn.

1. Cor. 10. Gott ist trew / der euch nicht lesset versuchen vber ewer vermügen / Sondern machet das die versuchung so ein ende neme / das jhrs künd ertragen.

2. Corint. 1. Gott ists der vns befestiget / sampt euch in Christum / vnd vns gesalbet vnd versiegelt / vnd in vnsere Hertzen das pfand des Geistes gegeben hat.

Ephes. 6. Durch welchen (JEsum Christum) jhr gehört haben das Wort der warheit / Nemlich / das Euangelium von ewer Seligkeit / durch welchen jhr auch / das jhr gleübetet / versiegelt worden seid mit dem Heiligen Geist der verheissung / welcher ist das pfand vnsers Erbes / zu vnser Erlösung / das wir sein Eigenthumb wurden / zu lob seiner herligkeit.

1. Thessal. 5. Er aber der Gott des friedes / Heilige euch durch vnd durch / vnd ewer Geist gantz sampt der Seele vnd Leib / müsse behalten werden vnstrefflich auff die zukunfft vnsers Herrn JEsu Christi. Getrew ist er der euch ruffet / welcher wirds auch thun. Rom. 11. Gottes gaben vnd beruffung mügen jhn nicht gerewen. 2. Thessal. 3. Der Herr ist trew der wird euch stercken vnd bewaren fur dem argen.

2. Timo. 2. Gott bleibt trew / Er kan sich
nicht leügnen. Item / Der feste grund G
bestehet vnd hat diesen Sigel / der Herr k
die seinen.

  Rom. 8. Ihr habt nicht einen Knechtl
Geist empfangen / das ir euch abermal fur(
müstet / Sondern ihr habt einen Kindli
Geist empfangen / durch welchen wir rau
Abba lieber Vater / Derselbige Geist gibt ʒ
niß onserm Geist das wir Gottes Kinder
Sind wir den Kinder / so sind wir auch Er
Nemlich / Gottes Erben / vnd Miterben (
sti. So wir anders mit leiden / auff das
auch mit zur herligkeit erhoben werden. L
ich halte es dafur / das dieser zeit leiden / der
ligkeit nicht werd sey / die an ons sol offen
werden. Vnd im selben Capittel. Wir w
aber / das denen / die Gott lieben / alle ding
besten dienen / die nach dem fursatz berai
sind. Denn welche er zuuor versehen hat
hat er auch verordnet / das sie gleich sein ſ
dem Ebenbild seines Sons / auff das dersel
der Erstgeborne sey vnter vielen Brüdern. I
che er aber verordnet hat / die hat er auch
         rauf

rauffen / Welche er aber berauffen hat / die hat er auch gerecht gemacht / welche er aber hat gerecht gemacht / die hat er auch Herlig gemacht. Mit diesen Worten setzet S. Paulus nicht einen andern heimlichen willen Gottes / in seiner Außuersehung / wider das offenbarte Euangelium / dadurch er vns lesset berauffen zur gemeinschafft seines Sons JEsu Christi. Sondern er tröstet hiemit alle Christen die vnter dem Creütze sind / das sie deshalben an der Gnade Gottes / vnd an der gewißheit jhres Berüffes vnd Außuersehung zur Seligkeit nicht sollen zweiffeln / Sondern sollen sich feste halten mit dem Glauben an das Heilig Euangelium dadurch sie berauffen sind. Denn dis ist die Veterliche ordnung Gottes / das er seine lieben Kinder wolle / nach seinem wolgefallen gleich machen dem Ebenbilde seines Sons Jesu Christi / das sie mit jhme das Creütze tragen / vnd auch mit jhme zur herligkeit erhoben werden.

 Wenn ein Christe diese Trostsprüche wol bedencket / so befindet er durch die wirckung des Heiligen Geistes / in seinem Hertzen vnd Seele / seine gewisse Außuersehung vnd Erwelung in Christo JEsu / zur Kindschafft Gottes /

vnd

vnd Erbschafft der Seligkeit vnd herligk(eit)
ewigen Lebens / Nemlichen / so offt er mit (zuuer)
licher zuuersicht aus glauben seines Hertz(en zu)
Gott seüfftzet vnd schreiet / Abba lieber V(ater)
Vnd also die Artickel des heiligen glauben(s im)
Heilig Vater vnser betet / wie solches diese (Sprü)
che der Heiligen Schrifft klerlichen beze(ugen)
Gala. 4. Dieweil ihr Kinder seid / hat (Gott)
den Geist seines Sons in ewer Hertzen ge(sandt)
der schreiet Abba lieber Vater. 1. Cor. 12. (Nie)
mand kan Jesum einen Herrn heissen / one (durch)
den Heiligen Geist. 1. Johan. 3. Daran e(rken)
nen wir das er in vns bleibt / an dem Geis(t den)
er vns gegeben hat. Vnd derhalben erman(et der)
Apostel S. Paulus die Corinther vnd ein (iegli)
chen Christen also. 2. Cor. 13. Versuchet (euch)
selbst / ob ihr im Glauben seid / prüfet euch s(elbst)
oder erkennet ihr nicht selbst / das Jesus in (euch)
ist.

    Der liebe Gott wolle vns bey dem ge(wissen)
Trost des heiligen Euangelii in warem gla(uben)
JEsu Christi durch den Heiligen Geist gn(ädig)
lichen stercken / erhalten vnd bewaren / Am(en)

Zum beschluß wil ich auch hie setzen die kurtze Summa dieser Lere von der Göttlichen Außuersehung vnd Erwelung/ aus den Schrifften des Ehrwirdigen Gottseligen Vaters vnd Lerers D. Martini Lutheri/ andere einreden damit abzuwenden. Lutherus schreibet vber das 17. Capittel Johannis also. Laß dir nichts anders einbilden denn wie er sich dir zeiget vnd offenbaret in Christus Wort/ denn er hat sich eben darumb also offenbaret/ das du nichts anders dürffest suchen vnd förschen/ noch dich bekümmern was er müge von dir beschlossen haben/ Sondern das du in dem Wort alle seinen willen/ vnd was deine Seligkeit betrifft/ sehen vnd wissen mügest.

Lutherus in der Postil vber das Euangelium Luce 24. am Osterdingstag. Damit ich mich/ vnd ein jeder für seine Person sich des zu trösten habe/ vnd niemand vrsach habe zu bekümmern vnd sorgen/ ob er sich auch solcher grossen gnaden dürffe annemen/ wie denn des Menschen hertz natürlich zweiuelt/ vnd mit jhm selbst disputirt/ Ja ich gleube wol/ das Gott etliche grosse Leüt/ als S. Peter/ Paulum etc. dazu erwelet/ wer weiß aber ob ich der einer bin/

N denen

denen er solche Gnade günnet? Vellicht t
nicht dazu versehen. So wil Christus v
fehlet hiemit / solche Predigt nicht in einen
ekel / oder etlichen allein in sonderheit / Ja
nicht allein seinen Jüden / oder etwa meh
nig Völckern zu verkündigen / sondern
gantze weite Welt / oder (wie er spricht)
allen Völckern / Ja wie er Marci 16. sag
Creaturen zu Predigen / Auff das wir
sollen / das er Niemand oberall hie von n
gesondert / noch außgeschlossen haben (n
nur annemen / vnd nicht sich selbs aussch
wil)

Denn wie die Predigt der Busse
meine Predige sein / vnd ober alle Me
gehen sol / das sie alle sich fur Sünder
nen. Also gemein soll auch diese Predi
vergebung sein / vnd von allen angenome
den / wie sie denn alle Menschen von a
bedürfft haben / vnd noch biß ans ende der
Denn wo zu solt sonst die vergebung der
den allen angeboten vnd gepredigt werd
sie nicht alle Sünde hetten? Auff das e
bleibe / wie S. Paulus sagt / Rom. 11.

hat sie alle vnter der Sünde beschlossen / auff das er sich aller erbarme. Darumb gehöret nu auch auff diese Predigt / der Glaube / das ich gewißlich vnd vngezweiuelt darnach schliesse / das Mir von wegen des HErrn Christi / vergebung der Sünden geschenckt werde / vnd nu durch jhn von dem schrecklichen zorn Gottes vnd ewigem Tode sol erlöset sein / vnd das Gott haben wil / das ich dieser Predigt gleuben sol / damit ich die angebottene Gnade Christi nicht verachte noch wegschlahe / noch Gott in seinem Wort Lügen straffe. Denn weil er gebeut dis Wort in alle Welt zu Predigen / so fördert er zugleich auch von jederman / das man solche Predigt anneme / vnd fur Göttliche vnwandelbare warheit halte / vnd bekenne das wir solches gewißlich empfahen vmb des HErrn Christi willen. Vnd sol mich an solchem Glauben nicht hindern noch abschrecken / wie vnwirdig ich mich füle / wenn allein mein Hertz also stehet / das ich ernstlich mißfallen habe an meiner Sünde / vnd derselben gerne loß were.

N ij   Luthe-

Lutherus vber die Wort Johannis 3.
hat Gott die Welt geliebet etc. in der Post
Pfingstmontag. Ja sprichstu / Jch wolt
ne gleüben/wenn ich were wie S. Petrus/
lus / vnd andere die from vnd Heilig sind
aber bin zu gahr ein grosser Sünder / vn
weiß ob ich dazu erwelet bin. Antwort /
doch die Wort an / wie vnd von wem er
Also hat Gott die Welt geliebet. Item.
das alle die an jhn gleüben. Nu heisset die
nicht allein S. Petrus / Paulus / sonder
gantz Menschlich Geschlecht / alles mit e
der / vnd wird hie keiner ausgeschlossen.
le ist Gottes Son gegeben / alle sollen sie
ben / vnd alle die da gleüben sollen nicht v
werden etc. Greiff dich doch selbs bey de
sen / oder suche in deinem Bosem / ob du ni
wol bist ein Mensch (das ist ein stück der
vnd in der zal welche das Wort (Alle) beg
als ein ander. Solt ich mich / vnd du dich
nicht annemen / so musten diese Wort auch
vnd vergeblich geredt sein. Es ist ja solches
den Küen oder Gensen gepredigt / viel wei
gegeben oder geschenckt / darumb hüte dich
du nicht dich selbst ausschliessest / vnd solche
da

dancken stat gebest. Wer weiß ob mir es auch gegeben sey? Denn das were Gott in seinem Wort lügen gestrafft/ Sondern dawider ein Creütz für dich machest/ vnd nach diesen worten also sagst/ Ob ich nicht bin S. Petrus oder Paulus/ so bin ich aber ein stück der Welt/ hette er es allein wollen den wirdigen geben/ so hette er es allein den Engeln müssen Predigen lassen/ die sind rein vnd ohn Sünde/ Ja er hette es auch S. Petro/ Dauid/ Paulo/ nicht müssen geben/ denn sie seind auch Sünder gewest/ so wol als ich. Ich sey aber wie ich wolle/ so weis ich/ das Gottes Wort war ist/ Vnd wo ich das nicht anneme/ so thete ich vber alle ander Sünde auch diese/ das ich Gottes Wort vnd warheit für Lügen hielte vnd lesterte.

In derselbigen Predigt vber die Wort. Wer an jhn gleübet der wird nicht gerichtet/ wer aber nicht gleübt/ der ist schon gerichtet/ denn er gleübet nicht an den Namen des Eingebornen Sons Gottes/ sagt Lutherus weiter also. Da stehet das vrtheil/ so die vnterscheid machet/ zwischen denen die da selig oder verdampt werden. Es ligt nicht daran/ wie wirdig oder vnwirdig du bist/ denn es ist schon beschlossen/ das sie

sie alle Sünder vnd der verdamnis wirdig
Sondern daran ligts ob du an diesen Chri
gleübest oder nicht. Gleübestu so ist dir sche
holffen / vnd das ortheil der verdamnis vo
genomen / Gleübestu aber nicht / so bleibt
ortheil ober dir / Ja es wird nu grösser vn
swerer / denn zuuor / weil du die Sünde
fest / damit das du Christum nicht annim
der dir von dem Gericht vnd verdamnis he
soll.

In diesen Predigten antwortet der S
selige Lutherus sehr tröstlich / aus grund de
ligen Euangelij auff die schwere Anfecht
von der Außuersehung Gottes / damit be
te / beengstigte / schwachgleübige Seelen
Hertzen werden auffs högste angefochten/ n
sie in sich selbst jhre vnwirdigkeit / vnd die g
schwacheit jhres glaubens fülen vnd befin
das sie den grossen Heiligen Sanct Peter /
Paul / vnd andern nicht gleich sind.   D
ben solchen beengstigten vnd schwachgleüb
Seelen vnd Hertzen / auch andere mehr S
stücke aus gewissem grund Göttliches Wo
sollen werden furgehalten.

Nemlichen / das wie ein klein Füncklein Fewrs im glimmenden Tacht / oder in der Aschen / dennoch ja Fewr ist / also auch ein schwacher Glaube gleichwol ein Glaub / vnd ein werck des Heiligen Geistes ist / vnd derhalben auch ist ein Zeügniß vnser Erwelung in JEsu Christo vnserm HErrn / welcher das glimmend Tacht nicht außleschet/ vnd das zerstossen Rohr nicht zubricht (Esa. 42.) vnd das geengstes vnd zerschlagen Hertz nicht verachtet (Psal. 51.) vnd den schwachgleübigen nicht von sich stosset oder verwirffet / Sondern zu sich rauffet vnd gnediglichen auffnimpt / Matth. 11. Rom. 14.

Solches Trostes halben hat der Heilige Geist vns auch Exempel der Schwachgleübigen furgeschrieben / Als im Gebett des Vaters / Marci 9. Jch gleübe lieber Herr / hilff meinem Vnglauben. Vnd auch in den Heiligen Aposteln vnd Jüngern Christi selbst / Welcherer kleinen vnd schwachen Glauben der Herr Christus wol hat gestraffet / aber niemals sie jhres schwachen vnd kleinen Glaubens halben verachtet / vnd von sich gestossen / Sondern sie

gnedig-

gnediglichen auffgenomen / vnd erhöret,
den Glauben in jhnen vermehret / wie sie
bitten / *Domine adauge nobis fidem*, HErr vern
oder stercke vns den glauben / Luc. 17.

Vberaus tröstlich ists fur alle beeng
Hertzen das der Heilig Geist spricht / durc
Künig vnd Propheten Dauid / der in an
tungen wol versucht war / Nemlich im 51.
Die Opffer die Gott gefallen / sind ein g
ster Geist / Ein geengstes vnd zerschlagen
wirstu Gott nicht verachten. Psalm. 34.
Herr ist nahe bey denen die zerbrochens Her
sind / vnd hilffet denen die zerschlagen Ge
haben. Psal. 147. Der HErr heilet di
brochens Hertzen sind / vnd verbindet jhr
mertzen / Denn dazu saget der Sohn G
(Esa. 61.) sey er gesand das er solle Pre
den Elenden / vnd die zerbrochen Hertzen v
den. Vnd Esa. 57. Ich wone bey denen s
schlagens vnd demütigen Geistes sind / auf
ich erquicke den Geist der gedemütigeten /
das Hertz der zerschlagenen. Item im 66.
pittel. Ich sehe an den Elenden / vnd der ze
chens Geistes ist / vnd der sich fürchtet fur
nem Wort.

Also spricht auch der Sohn Gottes vnser lieber HErr JEsus Christus vberaus tröstlich / fur alle klein vnd schwachgleübigen / im fünfften Capittel Matthei. Selig sind die da hungert vnd dürstet nach der Gerechtigkeit / denn sie sollen satt werden. So hat auch ja der hunger vnd dürst des glaubens / die gnedige zusage Gottes zur vergebung der Sünden vnd ewiger Seligkeit / Vnd gehöret solcher hunger vnd dürst eines klein vnd schwachgleübigen Christen auch zu dem Spruch des Heiligen Geistes / zun Römern im 4. Capittel. Wer gleübet an den / der die Gottlosen gerecht macht / dem wird sein glaube gerechnet zur gerechtigkeit. Van solchem Durst in eins beengsteten Christen Hertzen stehet im 42. Psalm also. Wie ein Hirsch schreiet nach frischem Wasser / so schreiet meine Seele Gott zu dir.

Meine Seele dürstet nach Gott / nach dem lebendigen Gott / Wenn werde ich dahin komen / das ich Gottes Angesicht schawe. Meine Threue sind meine Speise Tag vnd Nacht / weil man teglich zu mir sagt / wo ist nu dein Gott? Wenn ich des inne werde / so schütte ich mein Hertz heraus bey mir selbs / denn ich wolte

D gerne

gerne hingehen mit dem hauffen / vnd mi[t]
wallen zum Hause Gottes / mit frolock[en]
dancken / vnter dem hauffen die da feiren.
betrübestu dich meine Seele / vnd bist so v[nrüig]
in mir? Harre auff Gott / denn ich wer[de]
noch dancken / das er mir hilfft mit seine[m]
gesicht.

    Darum sol ein klein vnd schwachgl[eubige]
Christe / vnd beengstigte Seele vnd He[rtz ni]
mermehr verzweiffeln / vnd verzagen in [anfech]
tungen / Sondern allezeit mit dem Heilig[en ge]
bett vmb gabe des Heiligen Geistes / vnd [meh]
rung vnd sterckung des glaubens anhalte[n / auff]
die gnedige zusage des Sons Gottes / L[uce xi.]
Wie viel mehr wird der Vater im Hi[mel den]
Heiligen Geist geben denen die jhn daru[mb bit]
ten. Also bittet der betrübte Vater M[arci ix.]
Ich gleübe lieber Herr / hilff meinem vngl[auben.]
Also bitten auch die Heiligen Aposteln / L[uce xvii.]
Stercke vns den Glauben. Vnd also bet[et auch]
der Heilige Künig vnd Prophet Dauid [mit]
engstigtem Hertzen im 51. Psalm. Sch[affe]
mir Gott ein rein Hertz / vnd gib mir ein[ne]
wen gewissen Geist. Verwirff mich nic[ht]

deinem Angesicht / vnd nim deinen Heiligen Geist nicht von mir. Tröste mich wieder mit deiner hülffe / vnd der freidige Geist enthalte mich. Dasselbig verlihe vnd gebe der liebe Gott allen klein vnd schwachgleübigen beengstigten vnd zerschlagenen Hertzen vnd Seelen / vmb des HErrn JEsu Christi willen / zu jhrem warhafftigen Trost wider alle Anfechtung / vnd zur ewigen Seligkei / Auff das wir allzumal allezeit biß in Ewigkeit dem getrewen lieben Gott dafur dancken / das er vns erwelet hat von anfang zur Seligkeit in der Heiligung des Geistes vnd im Glauben der warheit / darin er vns beruffen hat / durchs Euangelium zum herlichen Eigenthumb vnsers HErrn JEsu Christi/ 2. Thessal. 2. Amen
Amen.

D ij   Ander

Ander Theil / v[on]
Heiligen Abendmal Jesu Christ[i]
warem grund vnd Fundament Gött[li]-
ches Wortes.

IM vergangenen 82. Jar[e]
ich lassen Trücken einen warha[fften]
einfeltigen Christlichen vnterric[ht]
Gottes Wort / wie sich ein fro[mer]
Christ in den vielfeltigen Gezencken vom
gen Abendmal vnsers lieben HErrn vn[d]
lands Jesu Christi solle halten. In welch[er]
tzen Schrifft die reine Lere / vnd ware gla[uben]
Heiligen Christlichen Kirchen / vom H[eiligen]
Abendmal Christi einfeltig vnd gründtli[ch]
cht aus Menschlicher vernunfft vnd Wei[sheit]
Sondern aus dem lauteren Wort Gott[es]
in Ewigkeit mus war bleiben / ist erkleret.
aber das vielfeltige furwitzig disputerent v[nd]
ge zu tage wechset vnd zunimpt / mit gros[ser]
fehrlicher ergerniß der simpeln einfeltigen
sten / Als achte ich nötig das auch in diese[m]
tickel der Christlichen Lere vnd Glauben[s]

einfeltige gründtliche anleitung gefasset werde/ wie von den fürnemsten Argumenten / welche aus Menschlicher vernunfft erdacht / vnd gegen die Wort des Heiligen Testaments JEsu Christi / vnd gegen den waren Glauben der Heiligen Christlichen Kirchen furgeworffen werden/ müge vnd könne schlecht vnd recht / aus warem bestendigem grunde Göttliches Worts / welch das einig gewiß Fundament vnsers Christlichen glaubens ist / ohne ergerliche gezenck vnd hader bescheidentlich Sprach gehalten / vnd dazu geantwortet werden.

  Vnnötige ergerliche disputation von den geheimnissen Gottes sol ein Christe meiden/ das er nicht durch furwitz fleischlicher Weißheit vnd vernunfft / sich selbst vnd andere simpele Christen / in dem einfeltigen glauben verwirre vnd zweiffelhafftig mache/ Dan es stehet geschriebē/ j. Corint. 2. Der natürliche Mensch vernimpt nichts vom geist Gottes / Es ist ihm ein thorheit vnd kan es nicht erkennen/ vnd es mus geistlich gerichtet sein. Vnd vom Ergernis saget der Son Gottes also/ Matth. 18. Wer ergert dieser geringsten einen/ die an mich gleüben/ dem were besser/ das ein Mülstein an seinen Halß

gehenget würde / vnd erseüffet würde im M[eer]
da es am tieffesten ist.

 Wann aber die noth erfürdert / da [der]
Christ sol vnd mus / zu beweisung der war[heit]
sich mit andern in ein gesprech geben / Als so [muß]
mus fur allen dingen fleissig verhütet wer[den]
das man sich nicht lasse ableiten / von dem [ei-]
gem gewissen Fundament / der einsetzunge [der]
Wort des Testamentes vnsers lieben Herrn [vnd]
Heilands Jesu Christi / des warhafftigen [vnd]
Almechtigen Sohns Gottes / der die war[heit]
selbs ist / vnd bey jhme kein Wort vnmüglig [ist]
Der auch sein Heilige Testament mit seinem [al-]
lerheiligsten Tode versiegelt vnd befestiget [hat]
das es nicht sol vmbgestossen oder verendert [wer-]
den. Der vrsachen halben sol vnd mus al[lein]
werden gesehen auff die aller gewisseste Re[gel]
vom HErrn Jesu Christo selbs allen seinen [Jün-]
gern gegeben / vnd zur getrewen instruction [auff-]
geschrieben / im 8. Capittel Johannis. S[o jhr]
bleiben werdet in meiner Rede / so seid jhr m[eine]
rechte Jünger / vnd werdet die Warheit [er-]
kennen / vnd die Warheit wird euch frey [ma-]
chen.

Weil dan in der disputation vom Heiligen Abendmal des HErrn Jesu Christi/ beide theil sprechen/ das sie wollen bleiben in der Rede vnd bey den Worten des HErrn Christi/ damit er sein Testament gemacht vnd das Abendmal eingesetzet hat / Vnd aber vngleiche verstand vnd vngleiche deütunge werden erfur gebracht/ welche wie ja vnd nein gegen einander sind/ Als soll vnd mus fleissig darnach gesehen werden/ welchs theils verstand Glaub vnd Lere bleibe in der Rede vnd Worten JEsu Christi / Denn dieselbige sind die rechten Jünger Christi/ vnd dieselbige wissen vnd haben die warheit. Welcher theil aber abtrit vnd nicht bleibt in der Rede vnd Worten JEsu Christi/ dieselbige sind nicht die rechten Jünger Christi/ vnd dieselbige wissen vnd haben die Warheit nicht. Wie auch der Heilige Johannes schreibt in seiner andern Epistel. Wer vbertrit/ vnd bleibt nicht in der Lere Christi/ der hat keinen Gott. Wer in der Lere Christi bleibt/ der hat beide den Vater vnd den Sohn.

Der

Der vrsachen halben sol vnd mus /
rechte ware verstand der Wort vnsers H[Errn]
Jesu Christi / in seinem Heiligen Testame[nt]
Abendmals / von seinem Leib vnd Blut /
darinnen gibt zu Essen vnd zu Trincken /
gesucht werden in Menschlicher vernunfft/ [weis]
heit / gedancken / vnd künsten / Sondern
werden gesucht in des HErrn JEsu Christi [eige]
ner Rede / vermüge seiner obgesatzten Regel [So]
jhr werdet bleiben in meiner Rede / so seid jhr [mei]
ne rechte Jünger / vnd werdet die warheit e[rken]
nen.

Die Rede aber vnd Wort des Herrn
Christi / die er in der Nacht da er verrate[n ward]
hat gesprochen / vnd spricht noch biß zum en[de der]
Welt / im Testament seines Heiligen A[bend]
mals / wie sie vom Heiligen Geiste / der ein [Geist]
der warheit ist / aus dem Munde des S[ones]
Gottes beschrieben sind / Geben diesen w[ahren]
einfeltigen verstand / Nemlich / das das [Brot]
das der HErr Jesus gibt in seinem Abend[mal/]
seie sein Leib der fur vns gegeben ist / vnd da[s der]
Kelch seines Abendmals / seie der Kelch des [Neu]
twen Testaments in seinem Blut / das vor [vns]
vergossen ist zur vergebung der Sünden / [Wel]
chs

chs Blut aus dem Kelch des Abendmals getruncken wird / wie er spricht Matthei 26. Marci 14. Trincket alle daraus / das ist mein Blut des Newen Testaments / welchs vergossen wird fur viele zur vergebung der Sünden.

Daraus dan ja klarlich erfolget / das die seien die rechte Jünger Jesu Christi / vnd bleiben in der Rede Christi vnd erkennen die Warheit / welche die Wort des Heiligen Testaments Jesu Christi also verstehen vnd gleüben / das im Abendmal JEsu Christi / gegenwertig gegeben vnd empfangen / gegessen vnd getruncken werde / der ware Leib Jesu Christi der fur vns gegeben ist / vnd das ware Blut JEsu Christi / das vor vns vergossen ist zur vergebung der Sünden.

Dagegen aber das die jenigen nicht seien die rechte Jünger Jesu Christi / vnd nicht bleiben in der Rede Christi / auch die warheit nicht erkennen oder wissen / welche die Wort des Testaments Jesu Christi verstehen vnd deüten nach Menschlicher vernunfft vnd weißheit / allein von gegenwertigkeit der Gottheit Christi / vnd allein von Geistlicher empfangung vnd niessung der krafft / vnd verdienstes des Leibs vnd Bluts Christi / ohne ware gegenwertigkeit seines waren

P

ren wesentlichen Leibs vnd Bluts / so fur v
geben vnd vergossen ist zur vergebung der
den.

 Denn gleich wie diese Rede vnd Wo
su Christi. Mein Leib der fur euch g
wird / Mein Blut des Newen Testament
fur euch vergossen wird zur vergebung de
den / nicht können leiden / das die Wort
vnd Blut) nach art der Rede im Alten
ment / von zeichen vnd figuren / oder au
lein von der krafft / ohne des Leibs vnd
warhafftigs wesen oder substantz solten ve
den / vnd gedeütet werden. Denn wir j
Gottes Wort / in vnserm Glauben gewiß
das nicht zeichen oder figuren / sondern de
sentliche Leib JEsu Christi fur vns gegebe
opffert vnd an das Creütze gehenget / vn
ware wesentliche Blut aus dem Heilige
JEsu Christi / vor vns vergossen ist zur
bung vnser Sünden. Also können auch
Wort der Rede Christi (Nemet / Esset /
cket / Item das ist) nicht leiden / das die
Wort (Leib vnd Blut) vom abwesenden
vnd Blute / vnd allein von Geistlicher ni

der krafft im Wort vnd zeichen durch den Glauben / ohne gegenwertigkeit vnd mündlicher empfangung / des waren Leibs vnd Bluts Christi / fur vns gegeben vnd vergossen / verstanden vnd gedeütet werden. Denn diese Wort in der Rede JEsu Christi / reden ja eigentlich vnd deutlich von deme das gegenwertig ist / vnd das da gegenwertig in dem Mund empfangen / gegessen vnd getruncken wird.

Welche dan (wie gesagt ist) also gleuben vnd lehren / dieselbige sind die rechte Jünger Christi / die in der Rede Christi bleiben / vnd die warheit erkennen vnd wissen.

Welche aber von diesem Glauben vnd Lere abtretten / vnd die Rede vnd Wort des Herrn Christi deuten / nach Menschlicher vernunfft / vom abwesenden Leibe vnd Blut / dieselbige sind ja nicht rechte Jünger Christi / denn sie bleiben nicht in der Rede Christi / vnd die warheit erkennen vnd wissen sie nicht. Sondern sie feilen der Warheit vnd irren / darumb das sie nicht wissen die Schrifft noch die krafft Gottes / Math. 22. Marci 12.

Wo dagegen wird furgewörffen/da
Abendmal Christi sey ein Sacrament/da
sollen vnd müssen die Wort des Abend
nach Sacramentlicher deütung/wie a
Sacramentliche Rede vnd Wort im alt
stament verstanden vnd außgelegt werden

 Darauff sol schlecht vnd recht werd
antwortet/ Zum Ersten/ das wir das
vnd Namen Sacrament gerne gebrauche
mit der heiligen Christlichen Kirchen das
mal vnsers HErrn JEsu Christi/ mit g
Reuerentz nennen/ das Hochwirdige
Sacrament des Leibs vnd Bluts Jesu Ch
des Sohns Gottes vnsers lieben Erlöse
Heilandes.

 Denn es ist gewißlich ein Heilig Ho
dig geheimniß Gottes/ Menschlicher ver
vnd Weißheit vnbegreifflich/ das im Abe
des HErrn Christi/ das gesegnete Brot
Herrn Christi Leib der fur vns gegeben is
der gesegnete Wein ist des Herrn Christi
das vor vns vergossen ist zur vergebung d
den/ vnd das also in diesem Heiligen Abe
der HErr JEsus Christus seinen eigen
Leib vnd ware Blut zu Essen vnd zu Tr

gibt. Solchs zusampt der Geistlichen frucht vnd nüttigkeit in den gleübigen/ ist in der warheit ein gros Heilig vnd Hochwirdig geheimniß Gottes vber aller Menschen sinn/ weißheit vnd vernunfft.

Wir sind aber nicht gestendig/ das vmb dieses Namens (Sacrament) willen/ der also in der Heiligen Bibel nach den Buchstaben dem Heiligen Abendmal Christi nicht wird gegeben/ solte von dem eigentlichen verstande der Rede vnd Wort/ des warhafftigen vnd Almechtigen Sons Gottes Jesu Christi/ werden abgetretten/ auff figürliche deütunge/ nach art der Sacrament im Alten Testament/ Dan es mus des HErrn Christi Regel fest vnd vngebrochen behalten werden/ So jhr bleiben werdet in meiner Rede/ so seid jhr meine rechte Jünger/ vnd werden die warheit erkennen.

Demnach sol auch werden geantwortet/ das in Heiliger Schrifft keine Regel gesetzet ist/ das alle Sacramente Altes vnd Newes Testamentes sollen auff einerley weise von figürlichen zeichen verstanden werden/ Dann Christus ist das end der figürlichen zeichen Altes Testamentes. Vnd ist ja dis war/ das ein jeglich Sacrament

crament seine eigene Einsetzung vnd Wort
vnd das auch vnsere Sacramente des N[ewen]
Testamentes/ von den Sacramenten des [Alten]
Testamentes/ durch jhre eigene Wort vnd [Ein]
setzung vnterscheiden sind/ vnd nach denselb[en]
jhren eigen Worten sollen vnd müssen ver[stan]
den werden.

 Wie denn kein ander Sacrament/ [son]
dern allein vnsere Heilige Tauffe dis Wort [hat/]
Teüffet sie im Namen des Vaters/ vn[d des]
Sohns/ vnd des Heiligen Geistes/ wer da g[lau]
bet vnd getaufft wird der wird Selig wer[den.]
Item/ Es sey dan das jemand geborn w[erde]
aus dem Wasser vnd Geist/ so kan er nic[ht in]
das Reich Gottes komen. Daraus diese[r wah]
rer verstand von dem Hochwirdigen S[acra]
ment vnser Heiligen Tauffe im Newen T[esta]
ment erfolget/ das vnsere Heilige Christ[liche]
Tauffe des Newen Testaments/ ist vnters[chei]
den von den figurlichen zeichen des Alten T[esta]
mentes/ Dann vnsere Tauffe ist ein Sa[lig]
machendes Bad der Widergeburt vnd ern[eu]
rung des Heiligen Geistes/ welcher au[ßge]
gossen wird vber vns reichlich/ durch JE[sum]

Christum vnsern Herrn / Auff das wir durch desselben Gnade gerecht vnd Erben seien des Ewigen Lebens. Das ist gewißlich war. Tit. 3.

Also hat auch kein ander Sacrament/sondern allein das Heilig Abendmal vnsers lieben HErrn JEsu Christi/ dis Wort. JEsus nam das Brod/ dancket/ vnd brachs/ vnd gabs seinen Jüngern vnd sprach/ Nemet/ Esset/ das ist mein Leib/ der fur euch gegeben wird. Jtem/ JEsus nam den Kelch vnd dancket vnd gab jnen den/ vnd sprach/ Trincket alle daraus/ das ist mein Blut des Newen Testaments das vor euch vergossen wird zur vergebung der Sünden. Daraus dieser warhafftiger verstand von diesem vnsern Heiligen Abendmal des Newen Testaments erfolget/ das das gebrochen Brod/ vnd der gesegnete Kelch im Heiligen Abendmal ist die gemeinschafft des Leibs vnd Bluts Christi / 1. Corint. 10. Denn wer das gesegnete Brod im Abendmal Christi empfanget/ vnd aus dem gesegneten Kelch des HErrn Trincket/ der empfanget/ Jsset/ vnd Trincket den Leib/ vnd das Blut JEsu Christi.

Vnd

Vnd ferner sol zum dritten auff die el
vom Wort vnd Namen Sacrament / wo
geantwortet / mit dem Wort vnd Namen
mit der Son Gottes vnser HErr JEsus (
stus selbs dis sein Heilig Abendmal nen
Nemlich / Newe Testament / Denn dar
müssen vnd sollen die Wort dieses Abend
Christi / auff Testaments weise vnd art ver
den werden. So ist aber Testaments Rege
Eigenschafft dis / wie der Heilige Apostel
Paulus sagt zun Galatern im 3. Capittel /
man ein Testament nicht verachtet / vnd n
dazu thut / wenn es bestetiget ist / Denn ein
stament wird feste / durch den Tod des jen
der es gemacht oder gestifftet hat.

   Der vrsachen halben sol vnd mus ja di
Testament des Sohns Gottes / vnsers li
Herrn vnd Heilands Jesu Christi / das er d
seinen Heiligen Tod bestediget vnd bekrefft
hat / diese Testamentliche Gerechtigkeit / ei
schafft vnd krafft gelassen werden / das es in
klaren verstand seiner eigen Wort nicht w
von Menschlicher vernunfft vnd weißheit /
achtet / vnd als vnmüglich vnd vnwarha
verspottet / vnd derhalben durch Menschl

e iij

ertichtete deütungen gemeistert vnd verendert/ vnd also das wesen oder substantz des waren Leibs vnd Bluds Jesu Christi aus diesem Testament weggenomen/ vnd damit der vnterscheid zwischen dem Essen des figürlichen Osterlambs im alten Testament/ vnd zwischen vnserm Osterlamb des Newen Testaments/ welchs ist Christus fur vns geopffert (1. Corint. 5. auffgehoben werde.

Wo die Argumente von der ertichteten vnmügligkeit werden erfur gebracht/ Nemlichen/ das Christi Leib nicht könne zu gleich im Himel vnd auff Erden an so viel orten sein/ da das Heilig Abendmal gehalten wird/ vnd von einem jeden Menschen der zum Tische des Herrn gehet/ gantz vnd vngetheilet empfangen werden. Als sollen alle solche Argumente vnd Einrede werden vmbgestossen vnd verworffen mit dem antwort des HErrn Christi selbs / Matth. 22. Marci 12. Jr irret darumb das jhr nicht wisset von der Schrifft noch von der Krafft Gottes. Vnd mit dem antwort des heiligen Engels Gabriel zu der Heiligen Junckfrawen Maria. Bey Gott ist kein Wort vnmüglich. Deßgleichen auch mit dem Edlen Spruch des Heiligen Apostels

stels Pauli / 1. Cor. 2. Das vnser Glaub
bestehet auff Menschen weißheit / sonder
Gottes krafft / Welchem ein jeder gleubig
sten mit dem Vater Abraham diese Ehr in
rem Glauben geben sol / das er kan thun,
was er verheisset vnd zusaget.

Vnd ist wol anzumercken wie der li
trewe Gott alle Argumente Menschliche
nunfft vnd Weißheit von vnmügligkeit
Wortes vnd zusage selbst straffet vnd vert
durch den Propheten Zachariam im 8.
tel. So spricht der Herr Zebaoth / dünc
solchs vnmüglich sein fur den Augen diese
gen Volckes zu dieser zeit / Solts darum
vnmüglich sein fur meinen Augen / sprt
Herr Zebaoth. Vnd ist derhalben nicht
das disputert werde von der vnnötigen fra
vbiquitet / das der Leib Christi solle seien
len Creaturen. Sondern es sol ein Chri
schlecht vnd recht halten / an des warha
vnd Almechtigen Sons Gottes vnsers H
JEsu Christi seine Wort in seinem Heilig
stament seines Abendmals / Das ist me
der fur euch gegeben wird / das ist mein

das fur euch vergossen wird zur vergebung der Sünden) Die Wort des Sohns Gottes sind in seinem Heiligen Abendmal warhafftig vnd krefftig zu allen zeiten/ vnd vberall an allen örten wo dis Abendmal des HErrn Christi nach seiner Einsetzung gehalten wird. Derhalben muß auch vmb der Warheit vnd Almechtigkeit des Sons Gottes willen/ warhafftigen geschehen/ gegeben vnd empfangen werden/ das seine Wort reden. Dann es kan ja kein ort oder stete des Sohns Gottes warheit vnd Almechtigkeit/ lügenhafftig vnd krafftloß machen. Seine warheit (spricht Dauid/ Psalm. 108.) reichet so weit die Wolcken gehen. Item des Herrn Wort ist warhafftig vnd was er zusagt/ das helt er gewiß/ Denn so er spricht so geschichts/ So er gebeüt so stehets da. Psalm. 33. Derhalben ist es ja grosse vnd verfluchte thorheit/ das Menschliche vernunfft vnd tolle weißheit/ sich annimpt gegen vnd wider die Warheit vnd Allmechtigkeit des Sons Gottes zu klügeln/ vnd zu disputern wie weit Gottes Wort war vnd Gott zu halten müglich/ oder aber nicht war vnd zu halten vnmüglich sey.

D ij

Wer dem Son Gottes vnserm Her
su Christo diese Ehre nimpt/ das jhme vr
lich sey oberall in seinem Heiligen Abendm
se seine Wort warhafftigen zu halten(Es
ist mein Leib der fur euch gegeben wird/ T
das ist mein Blut das fur euch vergossen
Derselbige leügnet das der Son Gottes
HErr JEsus Christus/ warhafftiger vr
mechtiger Gott ist/ vnd beraubt jn dieser
lichen Ehr/ da von diese Sprüche reden.
Gott ist kein Wort vnmüglich/ Luce 1.
verheisset das kan er auch thun/ Rom. 4.
spricht so geschichts/ So er gebeüt so stehe
Psal. 33. Item/ Psal. 135. Jch weiß d
HErr gros ist/ vnd vnser HErr fur aller
tern/ Alles was er wil/ das thut er im
auff Erden/ im Meer vnd in allen tieffen.

  Es wolle doch dis ein jeder fromer
bedencken vnd zu gemüth füren. Wo
licher vernunfft dis wird eingereümet/
müge in den Worten des Heiligen Testa
vnd Abendmals vnsers lieben Herrn Jesu
sti/ jhre weißheit vnd kunst/ mit ertichtet
tungen gebrauchen/ vnd also die warhe
Almechtigkeit des Sons Gottes/ in sein

ren worten (das ist mein Leib / das ist mein Blut) meistern vnd straffen / darumb das die blinde Narrin nicht kan begreiffen / wie die Wort zu halten vnd zu erfüllen / dem Sone Gottes könne müglich sein / So mus ja der Narrischen vernunfft eben dieselbige macht vnd recht auch werden eingereümet / im Artickel der Schöpfung / (Dar in die vernunfft nichts verstehet / sondern allein der glaube / wie S. Paul. sagt / Heb. 11. Durch den glauben verstehen wir das die Welt durch Gottes Wort gemacht ist) Vnd also auch in allen andern Artickeln vnsers Heiligen Christlichen Glaubens / vnd durch die gantze Heilige Schrifft der Göttlichen Bibel. Das sucht der listige Teüffel / das er also durch verfelschung des Testaments Jesu Christi / einen eingang vnd weg bereite / alle Artickel vnd Lere vnsers Christlichen Glaubens / mit der gantzen Heiligen Bibel / der Nerrischen vernunfft / vnd Philosophischer Weißheit Aristotelis zu vnterwerffen. Dagegen ermanet der Heilige Geist durch den Apostel S. Paulum / das sich ein Christe solle fursehen / das er nicht durch vernunfftige Rede betrogen / vnd durch die Philosophia vnd lose verfürung beraubt werde / Coloss. 2.

         Q iij   Diß

Diß sol ein fromer Christ zu Hertze(n)
men/ vnd sich fur den bösen gedancken vn(d Ar)
gumenten Menschlicher vernunfft/ vnd T(eufe)
lischen eingebungen von vnmügligkeit/ g(egen)
die Ehre der Warheit vnd Allmechtigkeit (JEsu)
Christi des Sohns Gottes vnsers HErrn (JE)
su Christi fleissig hüten. Vnd sol mit dem (hei)
ligen Abraham wieder vnd gegen alle An(fech)
tung vnd Argumente von vnmügligkeit/ (in)
seinem Glauben/ fur das aller gewisseste (hal)
ten/ das Gottes Sohn warhafftig vnd (all)
mechtig ist in seinem Wort/ vnd thun ka(n)
les was er verheisset. Dann also schreib(t der)
Heillg Apostel vom Glauben vnsers Va(ters)
Abraham/ vns allen zur Lehre vnd Exem(pel)
Rom. 4. Abraham zweiuelt nicht an der (Ver)
heissung Gottes durch Vnglauben/ son(dern)
ward starck im Glauben/ vnd gab Got(t die)
Ehre/ vnd wüste auffs aller gewissest/ das (was)
Gott verheisset/ das kan er auch thun. (Wer)
sich dann mit warheit wil berühmen des G(lau)
bens Abraham/ der sol auch dem Sohn G(ot)
tes vnserm HErrn JEsu Christo diese (Ehre)
ge(ben)

geben / das er an seinen Worten nicht zweiuele durch Vnglauben / Sondern in seinem Glauben dis auffs aller gewissest wisse / das was der Sohn Gottes in seinem Heiligen Testament seines Abendmals redet vnd verheisset / dasselbige auch thun kan.

Weil denn der warhafftige Almechtige Gottes Son Jesus Christus vberall durch die gantze Christenheit in seinem Heiligen Abendmal / an allen örten da es gehalten wird / zu allen so zu seinem Tische gehen / diese seine Wort spricht. Nemet Esset / das ist mein Leib / der fur euch gegeben wird. Trincket alle daraus das ist mein Blut des Newen Testaments / das fur euch vergossen wird zu der vergebung der Sünden / Derhalben so zweiffeln wir Christen an diesen Worten Christi nicht durch vnglauben / Sondern geben dem Sohn Gottes die Ehr / in vnserm Glauben / vnd wissen auffs aller gewissest / das was der Sohn Gottes mit diesen Worten redet vnd verheisset / dasselbig kan er thun vnd thut es / Nemlichen / das er vberall vnd allenthalben in seinem Abendmal

mal gibt seinen Leib zu Essen/ vnd sein [Blut]
zu Trincken / vnd das jederman der durch [die]
gantze Christenheit vom Tische des Herrn [Chri]
sti empfanget vnd isset das gesegnete Brod /
aus dem gesegneten Kelch trincket / der emp[fen]
get isset vnd trincket / den Leib JEsu Christi [der]
fur vns gegeben ist/ vnd das Blut Jesu Ch[risti]
das fur vns vergossen ist zur vergebung der [sün]
den. Das wissen wir Christen auffs alle[r ge]
wisseft ober alle Menschliche sinne / vernun[fft]
vnd gedancken / vnd auch vber alle Menschl[iche]
Weißheit vnd Argument / die dagegen d[urch]
Menschen sinne vnd künste der spitzfindigk[eit]
vnd auch durch eingeben des listigen Sath[ans]
können erfunden vnd furgebracht werden. [Denn]
wan dieser HErr JEsus Christus spricht/ s[o ge]
schichts / wenn er gebeüt so ists dar. Psalm.
Vnd bey jhm ist kein Wort vnmüglich.

Mit demselbigen antwort werden [auch]
andere furwitzige fragen vnd einreden verw[or]
fen vnd abgelegt / Als *de modo præsentiæ* von ra[um]
licher / sichtlicher / greifflicher gegenwertig[keit]
vnd was solchen vnnötigen vnnützen fra[gen]
mehr anhanget. Dan wir gleüben vnd lere[n die]
ware austheilung vnd empfangung nicht [sein]
abwe[sen]

abweſendes / ſondern des gegenwertigen Leibs vnd Bluts Jeſu Chriſti / nicht aus natürlicher vernunfft vnd weißheit / auch nicht nach natürlichen ſinnen des Geſichtes / ſchmeckens / taſtens vnd fülens / ſondern aus vnd nach dem waren wort des warhafftigen vnd Allmechtigen Sons Gottes vnſers HErrn JEſu Chriſti / der mehr thun kan / denn alle Menſchen mit jhrer Weißheit verſtehen / mit jhren Augen ſehen / mit jhren Henden taſten / vnd mit allen ſinnen begreiffen können. Derhalben laſſen wir dieſem vnſerm HErrn JEſu Chriſto befohlen ſein / wie er die Wort ſeines Heiligen Teſtaments in ſeinem heiligen Abendmal vberall vnd allenthalben da daſſelbig gehalten wird / war mache / halte vnd erfülle. Vns iſt gegen ſolche fragen gnug das wir auffs aller gewiſſeſt wiſſen / das was der Son Gottes redet vnd zuſaget / das er das auch thun kan / vnd auch thut / denn bey jhm iſt kein Wort vnmüglich / vnd ſo er ſpricht ſo geſchichts / ſo er gebeüt ſo ſtehets da / Weiter bekümmern wir vns nicht *de modo præſentiæ*, vnd andern furwitzigen fragen / ſo Menſchliche vernunfft daraus ſpinnet. Dazu wir mit den Worten Chriſti antworten ſchlecht vnd recht. Jhr irret / denn

ihr

ihr wisset nicht die Schrifft noch die krafft (
tes. Matth. 22. Dem aber der vberschw(
lichen thun kan vber alles das wir verst(
Dem sey lob vnd Ehre in der Gemeine (
Christo Jesu ist / zu aller zeit / von Ewigkei
Ewigkeit / Amen.

    Wenn gegen die gegenwertigkeit des (
vnd Bluts Jesu Christi im heiligen Abend
eingefürt werden die Sprüch der Heiligen (
rifft / vnd die Artickel vnsers Christlichen (
bens / von der Himelfart Christi / vnd sitze(
Rechten hand des Himelschen Vaters.

    Als sol schlecht vnd recht darauff w(
geantwortet / Das gleich wie der Son G(
vnser HErr JEsus Christus / durch sein(
melfart vnd sitzen zur Rechten seines Va(
das Heilig Euangelium von der Gerecht(
des Glaubens / welche ist die vergebung de(
den in seinem Namen / nicht hat geendert,
dern viel mehr befestiget / wie der Heilig A(
S. Paulus sagt im 26. Capittel der Ges(
te / das er in seinem Beruff diese Wort
HErrn JEsu nach seiner Himelfarth / ge
habe. Ich wil dich erretten von dem Vol(
von den Heiden / vnter welche ich dich jetzt s(

auff zuthun ihre Augen/ das sie sich bekeren von der Finsterniß zu dem Liecht/ vnd von der gewalt des Satans zu Gott/ zu empfangen vergebung der Sünden/ vnd das Erbe/ sampt denen die geheiliget werden durch den Glauben an Mich.

Also hat auch der HErr JEsus Christus durch seine Himelfart/ vnd sitzen zur Rechten hand seines Himelschen Vaters nicht verendert/ sondern viel mehr befestiget das Heilig Testament seines Heiligen Abendmals/ zu sterckung vnd befestung vnsers Glaubens auff die Wort seines vnwandelbaren Testamentes/ welche er sitzend zur Rechten Hand der Maiestet Gottes/ gewißlichen wil halten/ vnd nicht feilen lassen. Denn dieselbige Wort welche die lieben Jünger vnd Apostel vom HErrn JEsu Christo empfangen haben/ da er bey ihnen saß am Tische/ in der Nacht da er verraten ward/ von seinem Leib vnd Blut in seinem heiligen Abendmal/ die hat auch der Heilig Apostel S. Paul gelernet vom selbigen Herrn Jesu Christo/ nach seiner Himelfart sitzende zur rechten hand seines Himelschen Vaters. Wie er schreibt 1. Cor. 11. Ich habe es von dem Herrn empfangen das ich euch gegeben habe. Vnd zun Galatern sagt er. Das Euangelium

gelium das von mir gepredigt ist/ ist nicht J
schlich/ denn ich habe es von keinem Men
empfangen noch gelernet/ Sondern durc
offenbarung Jesu Christi. Gala. j. Wie k
denn die tolle blinde vernunfft/ zu dieser N
schen weißheit/ das sie wegen des HErrn
Christi Himelfart/ vnd sitzen zur Rechten
seines Himelschen Vaters/ sich vnterstehe
Heilige Testament seines Heiligen Abendn
mit ertichteten deütungen zuuerendern. H
der Son Gottes vnser HErr JEsus Chri
durch seine Himelfart/ vnd sitzen zur R
Hand der Maiestet Gottes/ seine Göt
Warheit vnd Almechtigkeit verlorn? Da
seinem Heiligen Testament/ da er auff g
ben/ vnd widerumb von den Todten auffe
den ist/ muste zum Lügener werden/ wo jh
tolle Narrische vernunfft mit jhren ertic
deütungen nicht zu hülff komen/ vnd bey
erhalten würde? Ach lieber Gott wie kümp
ein Armer elender Mensch zu solcher verble
vermessenheit/ das er sich dieser hohen
heit darff anmassen/ das er durch seine
nunfft/ verstand/ vnd kunst/ den Son G
vnsern HErrn JEsum Christum/ sitzen

Re

Rechten hand der Maiestet / herligkeit / vnd krafft Gottes / könne zur Schule füren / vnd ihme die wort seines heiligen Testaments / durch künstliche ertichtete deütunge meistern / Als wen der Sohn solch ein albern Schüler sey / das er nicht habe gewissen / wie vnd mit was Worten er sein Testament machen solte / vnd noch heütiges Tages nicht wisse / wie er sein Testament ohne hülffe Menschlicher vernunfft vnd Weißheit halten könne.

Wir Christen wissen vnd gleüben / das Jesus Christus vnser Herr durch seine Himelfart vnd sitzen zur Rechten hand seines Himlischen Vaters / nicht ist beraubt seiner warheit vnd Almechtigkeit / also wissen vnd gleüben wir auch / das vnser Glaub vnd Lere / von der austheilung vnd empfangung des gegenwertigen waren Leibs vnd Bluts JEsu Christi / in seinem heiligen Abendmal / durch seine heilige Himelfart / vnd sitzen zur Rechten hand seines Himlischen Vaters / nicht kan ombgestossen werden. Denn diese vnser Glaub vnd Lere ist feste gebawet auff die Wort des heiligen Testaments Jesu Christi des Sons Gottes / welchs er durch seine Himelfart vnd sitzen zur Rechten hand des Vaters /

R iij   nicht

nicht hat cassert oder verendert / sonder
mehr befestiget / biß das er wider komen w
richten die Lebendigen vnd Todten. Da
wird auch vnser Glaube vnd Lere deste me
stercket / vnd befestiget / durch des HErrn
Christi Himelfart vnd sitzen zur Rechten
des Vaters. Denn vnser HErr JEsus
stus ist durch seine heilige Aufferstandung
Himelfart / krefftiglich beweiset / das er s
ware Almechtige Gottes Sohn. Vnd e
zur Rechtern hand der Maiestet herligkei
krafft Gottes / zu welcher Göttlicher M
vnd herligkeit / gehöret auch ja die Gö
warheit Almechtigkeit vnd krafft in seinem
vnd heiligen Sacramenten / alles zu wir
zu halten / zu erfüllen / vnd zu thun was e
innen vnd damit redet vnd verheisset. V
so gehöret auch zu derselbigen Maieste
krafft / die ware gegenwertigkeit des Leibe
Bluts vnsers HErrn JEsu Christi in s
Heiligen Abendmal / vberall vnd allenth
da dasselbig Abendmal nach ordnung vn
setzung des HErrn JEsu Christi biß a
Jüngsten Tag gehalten wird. Wie die

des HErrn JEsu Christi in seinem Abendmal allenthalben / da es gehalten wird / lauten. Nemet / Esset / das ist mein Leib / der fur euch gegeben wird / Trincket alle daraus / das ist mein Blut des Newen Testamentes das fur euch vergossen wird zur vergebung der Sünden.

Wer solchs leügnet / derselbige leügnet das der HErr JEsus Christus sitzet zur Rechten hand der Maiestet vnd krafft Gottes / Denn wer dem HErrn Jesu nimpt die Göttliche warheit vnd Allmechtigkeit / in seinem Wort vnd Testament / darumb das er ist auffgefaren zu Himel / vnd sitzet zur Rechten hand des Vaters / der nimpt auch dem HErrn JEsu seine Göttliche Maiestet vnd krafft darin er zur Rechten hand seines Himlischen Vaters sitzet.

Wen auch aus dem zehenden Capittel der ersten Epistel an die Corinther eingefürt werden diese Wort. Der gesegnete Kelch welchen wir segnen / Ist der nicht die Gemeinschafft des Bluts Christi? Das Brod das wir brechen / ist das nicht die Gemeinschafft des Leibs Christi? Vnd daraus geschlossen wird / das allein sey ein Geist-

Geiſtliche nieſſung des Leibs vnd Bluts (
im heiligen Abendmal durch den Glauben/
Mündliche empfangung des waren Leibe
Bluts Chriſti. Als ſol darauff werden g
wortet/das der Apoſtel durch den heiligen (
dieſe Wort aus den Worten des Teſtam
vnd einſetzung JEſu Chriſti genomen hat
er ſelbs ſpricht im Elfften Capittel. Ich
vom Herrn empfangen das ich euch gegebe
be/ Denn der HErr JEſus Chriſtus i
Nacht da er verraten ward/ nam er das L
dancket vnd brachs vnd ſprach/Nemet Eſſe
iſt mein Leib. Item dieſer Kelch iſt das ?
Teſtament in meinem Blut. Vnd wie auc
Sohn Gottes vom heiligen Geiſt ſpricht/
cher durch den Apoſtel die angezogene Wor
geredet vnd geſchrieben/ Johan. 16. Der (
der Warheit wird mich erkleren/ denn von
meinen wird ers nemen vnd euch verkündi
Item/ Er wird nicht von ſich ſelbß reden,
dern was er hören wird/ das wird er reden.

Derhalben gleich wie die Wort des H(
JEſu Chriſti im Teſtament vnd einſetzun
nes heiligen Abendmals (Nemet Eſſet da
mein Leib der fur euch gegeben wird/ Tri

alle daraus / das ist mein Blut des Newen Testaments / das fur euch vergossen wird zur vergebung der Sünden. Item / solchs thut zu meiner gedechtniß) reden beide von der Mündlichen empfangung / vnd auch von der Geistlichen niessung des Glaubens / Also müssen auch die Wort des Apostels S. Pauli / von der Gemeinschafft des Leibs vnd Bluts Christi im heiligen Abendmal / nicht allein verstanden werden von der Geistlichen niessung vnd gemeinschafft im glauben / ohne die Leibliche vnd Mündliche empfangung / wie die Predige Christi im sechsten Capittel Johannis / von der geistlichen Niessung / Vnd auch S. Paul im 10. Capittel der ersten Epistel an die Corinther / von der Geistlichen Tauff vnd geistlichem Essen vnd Trincken des Glaubens redet. Sondern die angezogene wort des heiligen Apostels S. Pauli / von der gemeinschafft des Leibs vnd Bluts Christi im Heiligen Abendmal / müssen werden verstanden / beide von der Leiblichen außtheilung vnd Mündlicher empfangung des Leibs vnd Bluts Jesu Christi / vnd auch von der Geistlichen niessung vnd Gemeinschafft im Glauben / welche allein ist der

S

Gleu-

Gleúbigen / wie im folgenden vnterricht t
erkleret wird.

So weiset auch der gebrauch des W
(κοινωνια) communio vel communicatio) in heiliger (
rifft / das mit dem Wort die Leibliche aus
lung / vnd Mündliche empfangung des
vnd Bluts des HErrn Christi / aus de
brauch des Heiligen Abendmals keinerley
kan werden ausgeschlossen. Dann dis
auch die deütung vnd verstand hat in He
Schrifft / das es eine außtheilung vnd mi
lung bedeütet vnd heisset. Als im 15. C
tel an die Römer / vnd im 13. Capittel a
Ebreer / dis Wort heisset die Leibliche m
lung der Almosen. Vnd 2. Corinth. 8.
κοινωνια ministerij in sanctos. Welchs Seliger L
rus hat verdolmetschet / die handreichun
da geschicht den Heiligen. Vnd im 2. Ca
der Geschichte stehen diese zwo Wort zusa
κοινωνια Gemeinschafft vnd brechung des
tes.

Doch soll aber die Mündliche em
gung / Essen vnd Trincken / des Leibs vnd
Christi im Heiligen Abendmal / nicht au
pha

pharnaitische Fleischliche weise werden verstanden / Denn dis Abendmal ist ein vber natürlich Göttlich geheimniß / darin gewißlich geschicht was die Wort des HErrn Christi reden / ob wir es schon mit vnsern sinnen nicht können greiffen / fülen / sehen / oder schmecken / vnd auch nicht wissen vnd verstehen wie es geschicht / Darumb wir vns auch mit den Capharnaitischen vnd andern Fleischlichen vnnützen / vnd zum theil vnfletigen Fragen nicht bekümmeren / Sondern sprechen dagegen mit der Heiligeu Maria. Vns geschehe nach dem Wort des HErrn / der weiß wol wie er sein Wort erfüllet vnd haltet. Derhalben schneiden wir alle furwitzige Fragen der vernunfft vnd Menschlicher klugheit von natürlichen accidentien damit ab / das wir vns weiter nicht bekümmeren / denn als die Wort des HErrn Christi lauten / dabey wir schlecht vnd recht bleiben. Nemet / Esset / das ist mein Leib der fur euch gegeben wird. Trincket alle daraus das ist mein Blut des Newen Testamentes / das fur euch vergossen wird zur vergebung der Sünden.

Darauff auch der Heilige Apostel S. Pa(
solchen fragen der vernunfft nichts saget
dern schlecht vnd recht lesset bleiben bey den
ten des Herrn Christi / Daraus er schleu
das gesegnete Brod vnd Kelch des Heilig
bendmals sey die gemeinschafft des Leibi
Bluts Christi / vnd darüber weiter solch(
gen der natürlichen vernunfft nicht gedenc(

Wenn eingefürt wird von den Red
in der Christlichen Kirchen gebreüchlich si(
Brod / mit dem Brod / vnter dem Brod
damit werde abgetreten von der Rede vnd
ten Jesu Christi / auff frembde deütunge.
sol darauff werden geantwortet / das glei(
S. Paulus mit dieser Rede (2. Cor. 5.
war in Christo. Vnd Coloss. 2. In jhn
net die gantze fülle der Gottheit leibhafftig
abtrit / von den Worten vnd warem ver
des Spruchs Johan. 1. *Verbum caro factum e*
Wort ist Fleisch worden. Sondern erkler(
mit / das in der Persönlichen vereinigung
licher vnd Menschlicher Natürn / in der (
Person Christi / die eine Natur in die ande
sey verwandelt / das auch nicht durch ver
ung beider Naturn eine newe Natur od(

substantz geworden sey/ Sondern das beide Naturn vnuerwandelt/ in einer vngetheilten Person zusamen vereiniget sind/ welche vereinigung nicht mutatio, oder confusio, sondern vnio naturarum personalis genennet wird. Das also auch die Heilige Christliche Kirche mit diesen reden (im Brod/ mit dem Brod/ vnter dem Brod vnd Wein wird gegeben/ empfangen/ gegessen vnd getruncken/ der ware Leib vnd Blut JEsu Christi) nicht abtrit von der Rede Jesu Christi. Nemet/ Esset das ist mein Leib/ Trincket/ das ist mein Blut/ auch nicht von der Rede des Heiligen Geistes/ 1. Cor. 10. Das das Brod vnd der Kelch des Heiligen Abendmals ist die Gemeinschafft des Leibs vnd Bluts Christi.

Denn es behelt die Heilige Christliche Kirche in diesen Reden (Im Brod/ mit dem Brod/ vnter dem Brod vnd Wein) den waren verstand der Wort Christi/ das ist mein Leib/ das ist mein Blut/ Nemlichen von dem waren wesen vnd substantz des Leibs/ vnd Bluts/ so fur vns gegeben vnd vergossen ist/ vnd verlegt oder verwirfft mit diesen Reden die fürnemsten irthume vnd falsche deutunge/ damit von der Rede

S iij   vnd

vnd Worten Jesu Christi/ in seinem Testa
des Heiligen Abendmals wird abgetreten.

Zum Ersten verwirfft die Heilige Ch
che Kirche mit diesen Reden (in / mit / v
die Papistische falsche deütung/ von der e
teten *transsubstantiation*, oder verwandlung der
stantz/ des Brods vnd Weins Christi/
die substantz des Leibs vnd Bluts Christi.
gegen erkleret die Heilige Christliche Kirche
waren Glauben/ auff die Rede vnd Wor
Testaments JEsu Christi/ Nemlichen da
Heiligen Abendmal das gesegnete Brod
Wein nicht verliere jhr wesen oder substa
vnd nicht werde verwandelt in die substantz
Leibs vnd Bluts Christi/ wie Aarons St
ein Schlange/ vnd das Wasser zu Wein
wandelt ward/ Exod. 7. Johan. 2. Das
nicht aus vermischung des Brods vnd Le
vnd des Weins vnd Bluts Christi/ eine n
vermengte substantz gemacht werde. Son
das im gebrauch des Heiligen Abendmals (
die Alten Lerer geredt haben) zwey dinge /
wesen/ oder substantz zusamen seien/ zusa
gegeben vnd zusamen empfangen werden/
eine sichtbarlich/ Brod vnd Wein/ das a
vnsi

vnsichtbarlich / Leib vnd Blut Christi. Welche zusamen gegenwertigkeit wird genennet von den Gelarten vnio Sacramentalis / vnd wird nicht weiter verstanden als im gebrauch des Heiligen Sacramentes / wie vom gebrauch die Wort Christi reden. Nemet / Esset das ist mein Leib / Trincket das ist mein Blut / Derhalben auch wieder der Papisten Abgöttische mißbreüche / diese Regel gesetzet wird / *Nihil habet rationem Sacramenti extra vsum institutum.*

Zum Andern brauchet die Heilige Christliche Kirche diese Wort (in / mit / vnter) gegen alle die jenige welche die gegenwertige austheilung / entfangung / Essen vnd Trincken des Leibs vnd Bluts JEsu Christi in seinem Abendmal anfechten / mit grossem ergernis der einfeltigen Christen. Dagegen brauchet die Heilige Christliche Kirche diese Wort / damit anzuzeigen / das im Heiligen Abendmal nicht ledige Zeichen / sondern der ware Leib vnd ware Blut JEsu Christi gegeben vnd empfangen werde / vnd das das gesegnete Brod vnd Wein des Abendmals sey die Gemeinschafft des Leibs vnd Bluts Christi / So gegenwertig gegeben vnd empfangen wird.

Zum

Zum Dritten werden von der He[iligen]
Christlichen Kirchen durch diese Wort vn[d]
den (Jn / Mit / vnter Brod vnd Wein)
worffen viele vnnütze / fleischliche / Capha[r]
tische vnd Anthrophagitische / vnfletige f[ragen]
vnd Lasterungen / welche von Gottlosen / l[eicht]
fertigen / Spotters / offte mit so groben [teuff]
lischen Worten werden fürgeworffen / das [wun]
der ist das Gott solche Spotters durch [seine]
langmütigkeit düldet / Aber er wird sie t[zu]
seiner zeit finden vnd straffen / wo sie sich [nicht]
bekeren. Gegen solche Spötter hat auch d[ie al]
te Kirche dieser Reden gebrauchet. Hieb[ey ist]
zuuerwundern das der gegentheil an vns d[en ge]
brauch dieser Reden straffet / im waren C[hrist]
lichen verstande / mit der Heiligen Christl[ichen]
Kirchen / Weil sie doch selbst auch dieser [Wort]
(Jn / mit / durch / an) auff jhre weise in [vn]
rechten verstande wider vnd gegen die Wo[rt des]
Testaments JEsu Christi / vnd wider den [rech]
ten Glauben vnd Lere der Heiligen Christl[ichen]
Kirchen gebrauchen.

 Wenn auch wird eingefürt / das S. [Pau]
lus / 1. Corint. 11. die Niessung des Brod[s im]
Abendmal / auch nach dem es durch die [Wort]

der Einsetzung Christi ist gesegnet/ Nennet von diesem Brod essen/ Als sol werden geantwortet aus S. Pauli eigenen Worten. Denn also redet S. Paulus/ 1. Corin. 11. So offt ihr von diesem Brod Esset/ vnd von diesem Kelch Trincket/ solt ihr des HErrn Tod verkündigen biß das er kümpt. Welcher nu vnwirdig von diesem Brod isset/ oder von dem Kelche des Herrn Trincket/ der ist schüldig an dem Leib vnd Blut des Herrn/ der Mensch prüfe aber sich selbs/ vnd also Esse er von diesem Brod vnd Trincke von diesem Kelch/ denn welcher vnwirdig isset vnd Trincket/ der isset vnd Trincket jhm selbir das Gerichte/ damit das er nicht vnterscheidet den Leib des HErrn.

Also setzet S. Paulus bescheidentlich zusamen die Wort (Diß Brod/ vnd dieser Kelch/ vnd der Kelch des HErrn) damit er vns weiset nicht auff gemein Brod vnd Wein/ sondern auff das gesegnete Brod/ vnd den gesegneten Kelch/ des Heiligen Abendmals vnsers HErrn JEsu Christi/ dauon der warhafftige Almechtige Son Gottes spricht. Nemet/ Esset/ das ist mein Leib/ der fur euch gegeben wird/ Trincket alle daraus/ Das ist mein Blut/ des Newen

wen Testaments. Oder/ das ist/ der Kel
Newe Testament in meinem Blut das fu
vergossen wird. Vnd weiset auch also de
lige Apostel auff seine eigen deütunge/ we
durch den Heiligen Geist/ aus den Wort
Herrn Christi gesetzet hat/ 1. Corint. 10.
lich das das gebrochen Brod vnd ges
Kelch des Heiligen Abendmals sey die G
schafft des Leibs vnd Bluts Christi.

Auß solchem rechtem gründtlicher
stand der Wort S. Pauli/ vom Essen
Brods/ welchs ist der Leib Christi/ vnd
Trincken aus dem Kelch des Herrn/ welc
der Kelch des Newen Testaments darau
Blut Jesu Christi getruncken wird/ ist au
se volge oder Schlußrede des Heiligen A
klar/ vnd richtig/ Wer vnwirdig von
Brod isset/ vnd vom Kelch des Herrn Tri
der ist schüldig am Leib vnd Blut des H
vnd Isset vnd Trincket jhm selber das Ge
damit das er nicht vnterscheidet den Le
HErrn.

Wenn auch aus dem 24. Capittel Matthei vnd 15. Marci diese Wort des HErrn JEsu Christi eingefürt werden / Wenn jemand zu der zeit wird zu Euch sagen / Sihe hie ist Christus / sihe da ist er / so gleübt nicht. Als sol schlecht vnd recht werden geantwortet / das nicht wir mit vnsern Worten / nach vnsern gedancken / aus vnser vernunfft sprechen / Sihe hie vnd da ist Christus / oder der Leib vnd das Blut Christi.

Wenn wir das mit vnsern ertichteten eigen Worten theten / so were vns nicht zu gleüben / Wie man nicht sol gleüben den Papisten / wenn sie das Brod in der Monstrantz vmbtragen / oder verschliessen / zum Anbeten / vnd sprechen / Sihe hie ist Christus / Sihe da ist Christus.

Die Wort aber welche allenthalben durch die gantze Welt in der Christenheit gesprechen werden im Heiligen Abendmal JEsu Christi / sind nicht Menschen Wort / sondern sind Wort des warhafftigen Almechtigen Sons Gottes / welche in seinem Heiligen Abendmal vberall wo dasselbig wird gehalten / vnd zu einem jedern ge-

T ij   sprochen

sprochen werden / Nemet
Leib / der fur euch gegeben
daraus das ist mein Blu
ments / das fur euch verg
bung der Sünden. Von d
diß sind / hat der Himlisch
befehl vom Himel herab g
sollen hören / Darumb s
ihn hören vnd ihm Gleübe
ligkeit / das diese seine W
nem Heiligen Abendmal s
derhalben auch von ihme
ge Krafft vnd warheit a
Heiligen Abendmal werd
erfüllet / durch warhafft
gebung seines gegenwerti
so fur vns ist gegeben vn
bung der Sünden.

 In diesem waren G
vns vnd alle Christen / d
vmb seines lieben Sons
durch die gnade des Heil
lich / bestendiglichen erh
End / vnd fur allerley fal
lichen behüten / Amen.

Diese einfaltige anleitung in Gottes wort gegründet / ohne zusatz Menschlicher gedancken der natürlichen vernunfft / neben nachfolgendem einfaltigem Vnterricht / Kan durch Gottes gnade vnd hülff / einen frommen Christen nütze sein / wenn es die noth erfordert / von diesem Hochwirdigen Sacrament des heiligen Abendmals JEsu Christi sprach zu halten / zu beweisung der gründtlichen warheit / Daraus auch fernere Anweisung kan gemercket werden / wie gleicher weise aus warem fundament Göttliches Wortes vnd Heiliger Schrifft / auch auff andere Einrede vnd Argumente / welche Menschliche Sophisterei vnd Spitzfindigkeit mag erdencken / biß zum End der Welt könne richtigen mit bescheidenheit werden geantwortet. Dem HErrn JEsu Christo warhafftigem vnd Allmechtigem Son Gottes / sey Lob / Preiß / vnd Ehr mit Gott Vater vnd Gott Heiligem Geist in Ewigkeit /
AMEN.

Volget vnterricht / Anno 82.
Außgangen.

Dem Durchleuch=
gen Hochgebornen Fürsten vnd Her[rn]
Herrn Wilhelm/ Lantgraffen zu Hessen/ G[raf]
fen zu Catzenelnbogen/ Zigenheim/ Diet[z]
vnd Nidda/ etc. Meinem gnedigen
Fürsten vnd Herrn.

Vrchleüchtiger Hochgeborner Fürst/ [gne]
diger Herr/ E. F. G. ist mein Andec[htig]
Gebett zu Gott/ dem Himlischen Va[ter]
sampt meinen onterthenigen armen diensten [alle]
zeit zuuorn. Gnediger Fürst vnd Herr we[rden]
neben vielen Christlichen fromen Hertzen t[äg]
chen mit grosser Betrübniß erfare/ wie sich [an]
allen seiten/ das ergerlich Disputeren vber [dem]
heiligen Testament vnd Abendmal vnsers li[eben]
getrewen Herrn vnd Erlösers Jesu Christi/
auch ober den Heiligen Artickeln vnsers Ch[rist]
lichen Glaubens von Tag zu Tag weiter me[hrt]
vnd ausbreitet/ Als hab ich in meinem Alter
die Einfaltige Christen/ die warheit vñ einig
lieb haben/ diesen warhafftigen simpeln Vn[ter]
richt/ aus Gottes Wort/ auffs aller einfalt[igst]

ge[=]

gestellet / Welchen E. F. G. ich in Vnterthenigkeit dediciere / der vngezweiffelten hoffnung / weil der liebe Gott durch die gnad des Heiligen Geistes / E. F. G. hat begabet / nicht allein mit warem gründlichem Christlichem verstande in der Heiligen Christlichen Religion / Sondern auch mit einem rechten Christlichem Fürstlichem Gemüth vnd Hertzen / welchs warheit vnd frieden liebet / vnd furwitzige ergerliche Disputation / die nirgend zu nütze sein / denn arme Conscientien zu verwirren / hasset / Als werden E. F. G. an dieser einfaltigen Schrifft einen gnedigen gefallen tragen / Der liebe getrewe Heiland JESus Christus wolle E. F. G. in warem einfaltigem Glauben gnediglichen erhalten / vnd vor allem vbel behüten vmb seines Heiligen Namens willen / Amen. Datum Schleßwig am Newen Jars Tage / Anno 1582.

E. F. G.

Vntertheniger

Diener

Paulus von Eitzen D. Senior.

Christlicher Einf[eltiger]
tiger Vnterricht / wie sich ein from[mer]
Christe in den vielfaltigen Gezencken vom [hei]
ligen Abendmal vnsers lieben HErrn
JEsu Christi halten solle.

ALS der Heilige Apostel S. Paul die [Co]
rinther straffet wegen jres ergerlichen [Ge]
brauchs / welchen sie in seinem abwese[n]
dem Heiligen Abendmal vnsers lieben H[Errn]
Jesu Christi / hetten angefangen / widerhol[t]
jhnen des Herrn Jesu eigene einsatzung vnd
ordnung / mit dieser kurtzen Vorrede vnd et[t]
licher *protestation*. Ich habe es vom Herrn emp[fan]
gen / das ich euch gegeben habe.

Als wolt er sagen / Meine lieben Corint[her]
Jhr solt wissen / das das Heilig Abendma[l wel]
chs ich bey euch verordnet habe / vnd die Ler[e]
ich euch dauon gegeben habe / ist eine verordn[ung]
vnd Lehre nicht aus meinem Kopffe ertich[tet]
Sondern von dem Eingeborn Son Gottes [vn]
serm Herrn Jesu Christo mir befohlen zu ve[rord]
nen vnd zu leren / als sein onwiderrufflich Te[sta]
ment / welchs er in der Nacht da er ist vmb[ge]

sernt willen verraten worden / auffgericht vnd gestiffet / vnd stracks des volgenden Tages mit seinem Blut vnd Tod bestetiget vnd befestiget hat / zu einem gewissen Zeügnis das er diß sein Abendmal als sein vnwiderrufflich Testament / wil biß zum Ende der Welt / vnueracht / vnuerruckt / vnuerandert vnd vnuerfelschet haben.

 Dan vorachtet man doch nicht eines Menschen Testament / wens bestetiget ist / vnd man thut auch nichts darzu / Gala. 3. Viel weiniger sol sich ein einiger Mensch oder Creatur dieser bößheit vnterstehen das er nach seinem eigen gutdüncken / das Heilig Testament des Eingeborn Sohns Gotts vnsers Herrn Jesu Christi / darauff er vor vns gestorben vnd sein Blut vergossen hat / verachten oder verandern wolle.

 Derhalben thut jhr Corinther vnchristlich vnd vnrecht / Wan jhr zusamen kommet zu halten des Herrn Abendmal / das jhr dan nicht des Herrn Abendmall haltet wie ich euch aus des Herrn befelich verordnet vnd geleret habe, Sondern das dan ein jeder seines eigen düncken vnd gefallens sein eigen Abendmal haltet / zu verachtung der Heiligen Christlichen Gemein Gottes. Solchs sagt S. Paul kan ich nicht leben.

     B   Diese

Diese *protestation* des
Heiligen Apostels / sol ein
sen letzten zeiten der Welt /
cken / vnd wol bedencken /
bessers) dahin kommen /
in den Landen / welche die
werden / dem ergerlichen
nach folget / vnd wann
Abendmal des Testament
Herrn / Das dann zu ve
Gemeine Gottes (das ist
Christen / so schlecht vnd
verordnung vnd Worten
Christi) ein jeder Secte
düncken vnd Köpffen / nic
sondern jhr eigen oder jh
Abendmal halten / wie so
empel der Papisten / Wie
ner / Schwenckfeldianer
gnugsam bezeügen.
   Auff das derhalben
sie sich mit der hülff Got
er in diesen gefehrlichen
oder der Secten jhr eigen
dern das er mit den lieben

ger Christlicher Gemein vnsers lieben Herrn Jesu Christi / halte das warhafftige rechte vnd heilig Abendmal / Welches vnser Herr Jesus Christus in der Nacht da er verraten ist seinen lieben Jüngern gegeben / vnd fur seine Heilige Christliche Gemein biß zum End der Welt eingesetzet verordent vnd befohlen hat / Als sol ein frommer Christe allezeit obgedachte Apostolische *protestation* in seinem hertzen tragen / vnd dieselbige allen Secten / wie solche mügen genennet oder erdacht werden zugegen setzen.

Vnd weil alle Secten daraus her kommen / das ein jeder vorwitziger Rabbi vnd Meister / das Testament vnsers HErrn Jesu Christi nach seinem eigen Kopff / verstand / vnd gutdüncken deutet vnd ausleget / Als sol ein frommer Christe deme mit den lieben heiligen Aposteln vnd mit der heiligen Gemeine Christi / die vnfeilbare gewisse warheit lieb ist / seine gedancken schlecht vnd recht abwenden / von allen Menschlichen deutungen / dadurch die Wort des Testaments Jesu Christi in einigen frembden verstand gezogen werden / Vnd sol seinen Glauben vnd gedancken allein setzen auff die helle vnd klare Wort des HErrn JEsu Christi / nach laut der ernstlichen

Ver-

Vermanung vnd gewisser Regel vom Her[rn Je]
su vor geschrieben / Johan. 8. So jhr ble[ibt an]
meiner Rede so werdet jhr meine rechte Jü[nger]
sein / vnd werdet die warheit erkennen / v[nd die]
Warheit wird euch frey machen / Welche [Regel]
auch der heilige Geist durch den Apostel S[. Jo]
hannes widerholet in seiner andern Epistel.
vbertrit vnd nicht bleibet in der Lere Christ[i / der]
hat keinen Gott / Wer in der Lere Christ[i blei]
bet / der hat beide den Vater vnd den Soh[n.]

Demnach soll ein frommer Christe [in be]
trachtung aller Wort / in diesem Heiligen [Sacra]
ment des Abendmals Jesu Christi / mit ei[nfelti]
gem Glauben nachfolgen dem Exempel / [das]
der heilige Geist durch den Apostel S. Pa[ulum]
Rom. im 4. Capittel / allen Christen vorf[chreibt]
von dem Einfatigen rechten Christlichen [Glau]
ben des heiligen Vaters Abraham / mit v[ol]
den Worten.

Abraham hat Gott gegleubet auff [hoff]
nung / Da nichts zu hoffen war / auff das er
ein Vater vieler Heiden / wie dann von jh[m ge]
sagt ist / Also sol dein Same sein / vnd er [war]
nicht schwach im glauben / Sahe auch ni[cht an]
seinen eigen Leib / welcher schon erstorben

weil er fast Hundert Jerig war/ auch nicht den erstorben Leib Sara/ Dan er zweiffelt nicht an der verheissung Gotts/ durch vnglauben/ Sondern ward starck im Glauben/ vnd gab Gott die Ehre/ vnd wuste auffs aller gewissest/ das was Gott verheisset/ das kan er auch thun.

Ah meine lieben frommen Christen/ hetten wir alle diesen einfaltigen Christlichen glauben vnsers Vaters Abraham/ als wir vns teglichen mit Worten vnd Schrifften rühmen/ So würde bald dem vielfaltigen/ ergerlichen/ vnd vorwitzigen disputeren/ vnd zancken/ vber dem Heiligen Testament vnsers lieben HErrn JEsu Christi/ ein End gegeben werden.

Dan mercke fleissig darauff mein frommer Christ/ wie der Heilige Geist in dieser beschreibung des Abrahamischen Glaubens/ sonderlich diese zwei stück/ dir mir/ vnd vns allen/ zu einem Exempel vorbildet/ Nemblichen/ das der liebe Vater Abraham/ vmb natürlicher vnmügligkeit willen/ nicht hat gezweiffelt an Gotts verheissung/ durch Vnglauben. Zum Andern/ das er wieder die natürliche vnmügligkeit/ ist starck geworden im Glauben/ vnd hat Gott die Ehre gegeben/ vnd (mercke diß mit fleiß) er wuste

B iij   auff

auffs aller gewisseſt / das was Gott verhe[ißt]
das kan er auch thun.

Biſtu nu ein recht Chriſte / vnd wil[t]
ohne Heuchelei / des waren Chriſtlichen [Le]-
bens rühmen / den vnſer Vater Abraham [ge]
hat / So haſtu da ein Exempel vnd Vorb[ild]
welchem du in deinem Glauben ſolſt nac[hfol]-
gen / Nemlichen / zum erſten / das du vmb d[ein]
oder ander Leute gedancken willen / von n[atür]-
licher vnmügligkeit / nicht ſolleſt vngleübig [wer]-
den / vnd durch Vnglauben zweiffelen an [dem]
Wort / vnd verheiſſung Gottes.

Zum Andern / das du gegen alle Ge[dan]-
cken / gegenwurff / vnd Argument / von n[atür]-
licher vnmügligkeit / ſolleſt ſtarck werden / [vnd]
veſte halten an dem Glauben / vnd vnſer[m lie]-
ben HErrn Gott / vnd ſeinem Eingeborn [Sohn]
JEſu Chriſto / zu ſampt dem Heiligen G[eiſt]
dieſe Ehre geben / das du vber alles was di[r von]
Deiner eigen vernunfft / oder von Menſchen [vnd]
Teuffeln kan vorgeworffen werden / dieſes [für]
das aller gewiſſeſt wiſſeſt / das der warhaf[tig]
Allmechtige Gott thun kan / alles was e[r re]-
det / vnd verheiſſet / Wie der Heilig Engel [Ga]-
briel ſaget / *Non eſt apud Deum impoſſibile omne ve[rbum]*

Kein Wort ist bey Gott vnmüglich / welches wir auch ja alle Tage in vnserm Christlichen Glauben / von der Allmechtigkeit Gottes bekennen.

Da vnser HErr JEsus Christus / Matt. 22. die Sadduceer straffet / welche nicht gleübeten die Aufferstehung der Todten / Spricht Er / Jhr irret / vnd wisset die Schrifft nicht / noch die krafft Gottes / Derhalben mein fromer Christe / kanstu keinen besseren Rath finden / dich vor allerley Jrthumb / durch die Gnad vnd hülffe des Heiligen Geistes zu hüten / vnd bey der warheit zu bleiben / als das du dich haltest an das Heilige Wort Gotts / das dir vom heiligen Geist in der Heiligen Schrifft ist vorgeschrieben / vnd dabey dem lieben Gott auch die Ehre gebest / der Göttlichen krafft vnd Allmechtigkeit / das Gott thun kan alles was er redet vnd verheisset / vnd das bey jhme kein Wort vnmüglich ist.

So du nu mein frommer Christe diesem Rath / durch die hülffe Gottes folgest / in diesem Artickel vom Heiligen Testament / des Abendmals vnsers lieben HErrn Jesu Christi / So ist dir nicht nötig / das du den verstand oder meinung dieses Testaments / weder in deiner eigenen ver-

vernunfft vnd gedancken/ weder in der vo[r]
gen Meister Schrifften suchest/ so ein[e]
deutung ober die andere erdencken/ vnd [her]
bringen/ mit grossem ergerniß/ vnd zu er[t]
licher verwirrung vieler simpeln fromme[n]
tzen/ vnd Seelen/ Dann hie findest du d[en]
wissen vnd waren verstand/ klar vnd deu[tlich]
gnug in den Worten des Testaments selbst
sie von warhafftigem vnd Allmechtigem [Son]
Gotts/ vnserm lieben HErrn Jesu Christ[o]
redet/ vnd vom Heiligen Geist durch die
Euangelisten vnd Apostel S. Paul beschr[ieben]
worden. Solchs sey dir mein frommer C[hrist]
gewißlich gesagt/ in dem Namen vnsers [Leh]
Lerers vnd Meisters JEsu Christi/ der [seinen]
Schülern vnd Jüngern/ diese warhafftig[e]
gewisse Regel gegeben hat/ Johan. 8. S[o jhr]
bleibet in meiner Rede/ so werdet jhr meine
te Jüngere sein/ vnd werdet die warheit erke[nnen]

Wer dieser Regel nicht wil folgen/ de[n wird]
vnser HErr Jesus Christus vor seinen S[chülern]
vnd Jünger nicht kennen/ Deme rathe ich a[uch]
er lasse diesem Herrn sein Testament zu frie[den]
denn er wird das vielfaltig klügeln tadeln
meistern/ ober sein Heilig Testament endli[ch]

nicht leiden / Sondern hiemit zeitlichen plagen /
vnd hernacher mit dem ewigen hellischem Fewr
straffen.

Als nun ein frommer Einfaltiger Christe /
diese vorgehende vermanung hat eingenommen /
vnd mit einfaltigem glauben behertziget / So sol
er ferner bedencken / welche da sein die rechten
Haubtpuncten aller vneinigkeiten / vnd gezencken / vber diesem heiligen Testament Jesu Christi / dadurch so viel erbarmliches Elendes / ergernis / jammers vnd trübniß / in der armen Christenheit wird angerichtet / da doch ja dis Testament / vom HErrn JEsu dazu seinen armen betrübten Christen / ist gestifftet / vnd gegeben / das
es sol sein ein heilsame Speise / vnd Tranck vnser
Seelen / Ein tröstliche erquickung in allen Geistlichen trübsalen / engsten / vnd nöten / Ein veste
verbundniß mit dem Sohn Gottes / das er in
vns vnd wir in jhm sein vnd bleiben sollen / Ein
gewisse Testament / pfand / Siegel / verwissung
vnd versicherung vber alle verheissung Gottis / in
welchen vns durch die gantze Heilige Schrifft /
zugesagt ist / vergebung all vnser Sünden / vnd
ewig Leben / durch das einig Opffer vnd Blutuergiessen / dieses einigen Midlers vnd Erlösers

X   JEsu

JEsu Christi/ von welchem wir dis heilig
ment seines Abendmals empfangen habe[n]
zu dem auch ein Bandt der Christenlichen
vnd einigkeit/ als der Gliedmassen eine[s]
in dem HErrn JEsu Christo.

Darumb ja warlichen nicht allein m[it]
sein verwundern/ sondern auch mit her[tz]
betrübniß/ vnd Threnen/ zu bedencken i[st]
alten Schlangen gifftige Listigkeit/ da[s]
dieser letzten zeit der Welt/ all geschwin[d]
brauchet/ wieder dis heilige vnd heilsame
ment vnsers lieben HErrn JEsu Christi
dasselbige zum theil mit gewaldt/ zum th[eil]
vorwitzigen ergerlichen Gezencken/ verni[cht]
verkeret/ veruelschet vnd in verachtung
werde/ Aber wir Armen betrübten Ch[risten]
müssen hiegegen fleissig beten/ vnd vns [mit]
faltigem Glauben/ an das Wort vnsers
JEsu Christi halten/ der sein Heilig Test[ament]
wol vorbitten/ vnd erhalten wird/ So sol[l]
vns kein nott haben/ den es heisset also/ [Gottes]
Wort bleibet ewiglich/ vnd wer Gotts [Wort in]
seinem Hertzen behelt/ der muß auch blei[ben in]
ewigkeit.

Wan dan die Haubtpuncte aller erg[erlichen]

vneinigkeiten/ vnd Gezencken/ vber diesem Heiligen Testament/ des Abendmals vnsers lieben Herrn Jesu Christi/ gründtlichen betrachtet werden/ so befindet sichs/ das drei Haubtpuncte sind.

Der erste Haubtpunct ist/ Ob vnser Herr JEsus Christus in seinem Heiligen Testament/ habe gestifftet vnd eingesetzet ein Heilig Abendmal/ seines Leibs vnd Bluts/ seinen lieben Christen zu Essen/ vnd zu Trincken/ zu seinem gedechtniß/ Oder ob er in seinem Heiligen Testament/ das Bepstische Meßopffer/ vor die Lebendigen vnd Todten/ gestifftet habe.

Der ander Haubtpunct ist/ Ob die Wort des Heiligen Testaments/ vnsers lieben HErrn JEsu Christi (das ist mein Leib/ der fur euch gegeben wird/ das ist mein Blut/ des Newen Testaments/ das fur euch vergossen wird/ zur vergebung der Sünden) diese meinung haben/ das der ware Leib/ vnd Blut/ vnsers HErrn JEsu Christi/ warhafftig vnd gegenwertig im heiligen Abendmal gegeben vnd empfangen werden/ Oder ob solche Wort des Heiligen Testaments/ sollen von zeichen des abwesendes Leibs vnd Bluts/ so der Glaub/ der sich biß in den Himel erhebet/ anschouwet/ vnd geniesset/ verstanden werden.

Der dritte Haubtpunct ist / Ob zu
im einfaltigen verstande war sein / beide d(
lige Testament / vnsers lieben Herrn Jesu
sti / vnd auch die heiligen Artickel vnsers (
lichen Glaubens / oder ob vmb der Artic
sers Christlichen Glaubens willen / deme
ment JEsu Christi / oder aber vmb des
ments willen / den Heiligen Artickeln des
ben / müssen vorwitzige / Menschliche / d
gen angedichtet / vnd angehenget werden

Von diesen dreien Haubtpuncten /
frommer Christe / welchem in diesen erg
en / gefehrlichen / vnd vielfeltigen Geze
warheit vnd einigkeit lieb ist / nachfolgent
faltigen vnterricht bedencken.

Vom Ersten Haubtpunct.

DAs Heilig Testament / vnsers lieber
JEsu Christi / hat selbs in sich di
sition vnd verordnung / wie dis
Abendmal biß zum Ende der Welt solle
endert gehalten werden / Dann also lau
Wort der Einsetzung / wie dieselbigen e(
Christe / alle Tage liset vnd spricht / in de(
ligen Catechismo.

Vnser HErr JEsus Christus in der Nacht da er verraten ward/ Nam Er das Brod/ dancket/ vnd brachs/ vnd gabs seinen Jüngeren/ vnd sprach/ Nemet hin/ Esset/ das ist mein Leib/ der fur euch gegeben wird/ Solchs thut zu meinem gedechtniß.

Desselbigen gleichen/ Nam er auch den Kelch/ nach dem Abendmal/ dancket/ vnd gab jhnen den/ vnd sprach/ Trincket alle daraus/ dieser Kelch/ ist das Newe Testament/ in meinem Blud/ das fur euch vergossen wird/ zur vergebung der Sünden/ Solchs thut so offt jhrs Trincket/ zu meinem gedechtniß.

Das ist die Beschreibung des Heiligen Abendmals/ welchs vnser HErr Jesus Christus/ in der Nacht/ da er verraten ist/ seinen Jüngern gegeben/ vnd also biß zum Ende der Welt zuhalten/ durch sein Testament gestifftet/ vnd befohlen hat/ darinnen dis mit fleiß sol werden angemercket/ das vnser HErr JEsus Christus/ nichts anders in diesem seinem Testament des Abendmals/ hat gestifftet vnd befohlen/ als was die Wort des Testaments selbs/ in sich halten/ vnd vermügen/ darinnen nichts muß werden verendert/ vnd mus auch nichts dauon abgenomen/ oder dar zu gesetzet werden/ Galat. 3.

X iij Nun

Nun stehet ja in dem Testament Jesu
sti / damit sein Heiliges Abendmal von ih[n]
halten / vnd also biß zum End der Welt ein[ge]
tzet / vnd verordnet ist / nicht ein einiges [Wort]
oder Buchstab / damit konte werden bew[iesen]
das vnser HErr JEsus Christus / in diese[m sei]
nen Testament / habe gestifftet / vnd befo[hlen]
das Bepstische Meßopffer / vor die Leben[digen]
vnd Todten / Darumb soltu mein fromer [Chri]
ste / das Bepstische Meßopffer gewißliche[r da]
fur halten / das es ist ein Antichristischer zu[satz]
vnd verfelschung / des Heiligen Testament[s vnd]
Abendmals vnsers lieben HErrn JEsu Ch[risti]
des Eingeborn Sohns Gottes.

Dan ob sich wol die Papisten vnterste[hen]
diese Wort im Testament des HErrn (*Hoc f[acite in]*
mei commemorationem. Das thut zu meinem ged[echt]
niß) auff ihr Meßopffer zu deuten / alse *f[ur das]*
Hoc facite . das thut / so viel heissen / als O[pffern]
vor die Lebendigen vnd Todten / So siehet [doch]
ein jeder frommer Christ wol / das solche [Papisti]
sche ertichtete deütung / dem Heiligen Testa[ment]
vnsers lieben HErrn JEsu Christi / gantz v[nd]
gar zuwiedern ist / Dann es hat ja vnser l[ieber]
HErr JEsus Christus diese falsche Bepst[ische]

deütung / selbst in diesem seinem Testament außtrücklichen verworffen / damit das er seine wort / (*Hoc facite* , das thut) selbst deütet / vnd außleget / Nemlichen / das thut / so offt jhrs Trincket / zu meinem gedechtniß.

Vnd auff das ja von den Papisten nicht mit jenigem scheine / könne werden vorgewendet / das diese auslegung des HErrn JEsu Christi / allein zum Kelche gehöre / So hat der Heilige Geist durch den lieben Apostel S. Paul / solchen zweiffel gar auffgehaben / vnd des HErrn JEsu Christi meinung / in diesen Worten / *Hoc facite in mei commemorationem* , Das thut zu meinem gedechtniß / also erkleret / 1. Cor. 11. Denn so offt jhr von diesem Brod Esset / vnd von diesem Kelch Trincket / sollt jhr des Herrn Tod verkündigen / biß das er kompt. Gleich wie dann diese Wort vnsers lieben Herrn Jesu Christi / in seinem Testament des Abendmals / nemlichen / Nemet hin Esset / Item / Trincket alle daraus / nicht können verstanden werden / vom Bepstischem Messopffer / vor die Lebendigen vnd Todten / Also können auch diese Wort / *Hoc facite* , das thut zu meinem gedechtniß / von solchem Bepstischem Messopffer nicht werden verstanden.

Vnd

Vnd kan derhalben t
den gesagt/ das das Bepst
dem HErrn JEsu Christo
stament/ seines Abendma
setzet/ vnd also auch von d
in der Heiligen Christlich
Herrn Christi befelch geha
ten verordnet sey. Dann
ligen Apostels S. Pauls
1. Cor. 11. Das er den C
habe gegeben/ als er vor
hat. Ich habs vom He
Er) das ich euch gegeben
auff sagt er was er vom H
der Christlichen Gemein
habe/ Nemlichen/ das H
Leibs vnd Bluts onsers H
Essen vnd zu Trincken/zur
vnd verkündigung seines T

Ob nun wol dieses ei
zu einfaltigem vnterricht/a
punct/ gegen das Bepstis
ist/ So soll doch daneben
vnd vnterweisung auch dies
tet werden.

Unmüglich ist es / das diese zwo widersinnige Leren können zu gleich war sein / Nemlichen / Die Lere des heiligen Euangelij / das vns armen Menschen ewige / vnd vollkommen Erlösung erworben ist / allein durch das einige Opffer vnsers lieben Herrn / vnd Erlösers JEsu Christi / das ein mal geschen ist (Hebr. 9. 10.) vnd welches alle Gleübigen vom ersten Adam / biß an den Jüngesten Tag / allein durch den Glauben / theilhafftig werden / zur Seligkeit / vnd ewigem Leben. Vnd dagegen auch diese Bepstische Lere / das durch das Meßopffer / welchs alle Tage / durch viel tausent Pfaffen geopffert wird / vergebung der Sünden / vnd Erlösung vom ewigen Tode / vor die Lebendigen vnd todten erworben werde. Diese zwo Leren könen zu gleich nicht war sein / das ist vnmüglich / sonder eins von diesen muß erdichtet vnd erlogen sein.

Diß ist aber die ewige bestendige vnd vngezweiffelt warheit Gottes / der nicht liegen oder triegen kan / das der Eingeborn Sohn Gottes / vnser Herr Jesus Christus / durch sein einig Opffer / das er vor vns armen Sünder gethan / vnd geopffert hat / allen Menschen so an jhn gleüben / eine vollkomen vnd Ewige Erlösung / hat erworben / Wie solchs vom heiligen Geist / durch

A ij die

die gantze heilige Schrifft geschrieben / b[
vnd bezeüget ist / Darumb mus dis vnt[
sprechlich folgen / das der Papisten Lehr
dem Bepstischem Meßopffer / vor die L[
gen vnd Todten / nicht war / sondern wied[
warhafftig Euangelion Gottes / vnd wied[
heilig Testament / Tod vnd Blutvergiesse[
sers lieben Herrn Jesu Christi / ertichtet [
logen / vnd darumb auch vom heiligen [
aus der heiligen Christlichen Kirchen ver[
ist / durch den Bann Spruch / Gal. 1. S[
ein Apostel oder Engel vom Himel / ein
Euangelion predigen würde / als das gep[
ist / der sol verflucht sein.

Es bezeüget der heilig Geist / das d[
Gott / auch die Opffer des Alten Testa[
welche er selbst verordnet vnd befolen hatt[
als grewel verworffen vnd verbannet hat.
sie geschahen aus Vnglauben / der m[
das durch ihre werck / solte Gott versön[
vergebung der Sünden / vnd Ewige S[
verdienet werden / zu schmach vnd spott
einigen Opffer / des zugesagten Messia[
sers lieben HErrn JEsu Christi / Wie [
grosser grewel mus dis sein / vor dem An[
Gottes / vnd seinem Eingeborn Sohn / [

Herrn Jesu Christo / sampt dem Heilligen Geist/ das in dem Bepstischem Meßopffer/ alle Tage / von so viel Tausent Pfaffen im Bapstumb/ das einige Opffer des Sohns Gottes/ vnsers lieben Herrn Jesu Christi/ welchs er durch seinen gantzen gehorsam / bitter Leiden / sterben/ vnd Blutuergiessen vollenbracht hat/ so grewlichen gehönet / geschmehet / vnd gelestert wird / als sey das Opffer des Sohns Gottes vnuollkommen / vnd sey nicht gnug zur vergebung vnser Sünden / vnd vnser Erlösung vnd Seligkeit.

Vnd das noch Tausentmall grewlicher ist/ das eins Bepstischen Meßpfaffen sein Meßopffer / das er offt vmb einen halben Groschen thut/ sol mehr macht vnd krafft haben/ nicht allein die Lebendige / sonder auch die Todten zu erlösen/ als das Opffer des Sohns Gotts/ das Er durch seinen trawrigen ganck zum Tod des Creützes / gethan hat/ dar in er nicht allein an seinem heiligen Leibe pein / schmertzen / vnd wunden gelitten hat / Sondern auch aus grosser angst seiner Seelen / Blut geschwitzet/ vnd diese klegliche Wort gesprochen hat / Meiner Seelen ist bange biß in den Tod / Item / Mein Vater ist es müglich / so nim diesen Kelch von mir/

Item/

Item / Mein Gott/ mein Gott/ warumb mich verlassen?

Ja das alle vorige grewel oberwinde[t] zu solcher schmach / vnd lesterung des Eing[ebornen] Sohns Gotts / vnd seines einigen Selig[m]enden Opffers / auch sein eigen Heilig[sa]ment / sol verkeret / verfelschet / vnd alle[s] wieder jhn selbs / vnd sein heilige Opffer brauchet werden. Solche grewel sind ja [so] aus gros vnd erschrecklich / das es kein M[ensch]lich Hertze gnugsam bedencken / vnd kein [Men]schen Zunge gnugsam ausreden kan.

Darumb mein frommer Christ / sol[tu] vor die gewisse warheit Gottes halten / d[ie] sprüche der heiligen Schrifft durch Alt vn[d neu] Testament/ welche reden von vnsers lieben [Mit]lers / vnd Erlösers JEsu Christi / versönung mit Gott/ bezalung vnd gnugt[huung] vor vnsere Sünde/ Erlösung vom Fluch d[es Ge]setzes / vnd Tode / vnd erwerbung der Se[ligkeit] vnd ewiges Lebens / durch das einige Opf[fer sei]nes gehorsams / bitter Leidens / Sterbene[ns vnd] Blutuergiessens / Das solche Sprüche a[nnem]samen / vnd ein jeder vor sich in sonderheit [die] Bepstische Meßopffer gantz vnd gar verw[erffen] zu bodem stossen / verbannen vnd verdamm[en]

Beſondern aber ſoltu frommer Chriſt dieſe herrliche Wort des Heiligen Apoſtels S. Paulus / aus dem 10. Capit. an die Hebre. offt leſen vnd bedencken / darinnen aus des Sohns Gottes / vnſers HErrn JEſu Chriſti / eigen Worten / im 40. Pſalm / die gantze Summa der Chriſtlichen Lere / von seinem einigen Opfer / vor vnſere Sünde / wieder alle andere Opffer vor de Sünde / verfaſſet iſt / Die Wort des heiligen Apoſtels lauten alſo / Hebre. 10. Da er (Nemlichen Gotts Sohn JEſus Chriſtus) in die Welt kompt / ſpricht Er / Opffer vnd Gaben haſtu nicht gewolt / Den Leib aber haſtu mir zu bereit / Brandopffer vnd Sündopffer gefallen dir nicht / Da ſprach ich / Sihe ich kome. Jm Buche ſtehet furnemblich von mir geſchrieben / das ich thun ſol / Gott / deinen willen. Droben als er geſagt hatte / Opffer vnd Gaben / Brandopffer vnd Sündopffer haſtu nicht gewolt / ſie gefallen dir nicht (welche nach dem Geſetze geopffert werden) Da ſprach er / Sihe ich kome zu thun / Gott / deinen willen / Da hebet er das erſte auff / das er das ander einſetze / Jn welchem willen wir ſind geheiliget / durch das Opffer des Leibs Jeſu Chriſti ein mahl geſchehen / Vnd ein jeglicher Prieſter iſt eingeſetzet / das er alle Tage

N iij   Gotts-

Gottsdienst pflege/ vnd offtmals einerlei(?)
thue/ welche nimmermehr kundten die S(?)
abnemen/ dieser aber da er hat ein Opffer v(?)
Sünde geopffert/ das Ewiglich gilt/ sitzt
zur rechten Gottes/ vnd wartet hinfurt/ bi(?)
seine Feinde zum schemel seiner Füsse gelegt
den/ Dan mit einem Opffer/ hat er in Ew(?)
vollendet/ die geheiligt werden. Es bezeüge(?)
aber das auch der Heilige Geist/ denn nach(?)
er zuuor gesagt hatte/ das ist das Testam(?)
das ich ihnen machen wil/ nach den Tagen,
cht der HErr/ Ich wil mein Gesetze in jhr(?)
geben/ vnd in jhre Sinne wil ichs schreiben,
jhrer Sünd vnd Vngerechtigkeit/ wil ich
mehr gedencken.   Wo aber derselbigen v(?)
bung ist/ da ist nicht mehr Opffer vor die sü(?)

Das sind herliche treffliche Wort/ vo(?)
einigen Opffer/ vnsers lieben Herrn/ vnd
henpriesters JEsu Christi des Sohns Go(?)
der durch sein eigen Blut ein mal eingegang(?)
in das Heilige/ vñ eine ewige Erlösung erw(?)
hat (Hebr. 9.) Vnd kan ja ein jeglicher f(?)
iner Christe/ durch Gnade des Heiligen G(?)
verstehen/ das hiemit das gantze Bepst(?)
Meßopffer/ mit allen angeklebten Abgötti(?)
Irthumen/ zu Bodem gestossen werde/ 2(?)
we(?)

welchen Irthumen diesen grewel ich noch ein mal vmb der Einfaltigen willen wiederholen muß/ das von dem Papisten jhrem Meßopffer/grössere krafft zugemessen wird/ als dem einigem Heiligen Opffer/ des gehorsams/ bittern Leidens/ vnd Tode/ vnsers lieben HErrn JEsu Christi. Nemlich/ das auch die jennigen die durch das Opffer des bittern Leidens / vnd Todes JEsu Christi / vmb jhres Vnglaubens willen nicht sind Selig worden/ Sondern allbereit im Fegfewr (wie sie dauon reden) vmb jhrer Sünde willen sitzen/ vnd gepeinigt werden/ Dennoch durch das Meßopffer widerumb aus dem Fewr können erlöset/ vnd zum ewigen Leben in den Himel gebracht werden.

Das heisset ja ohne alle scham/das Opffer des Leidens vnd sterbens Jesu Christi/ des Eingeborn Sohns Gottes/ vnsers Erlösers/ vnd Heilandes/ auffs höchste lesteren/ vnd mit füssen tretten/ vnd die Sprüche der Heiligen Schrifft Lügen straffen. Wer gleübet vnd getaufft wird der wird selig werden/Wer aber nicht gleübet der wird verdammet werden/ Item/ Wer an den Sohn Gotts gleübet/ der hat das ewige Leben/ Wer an den Sohn Gotts nicht gleübet der hat das Leben nicht/ sondern der Zorn Gotts bleibt

vber

ober jhm. Item / Wer nic̄
gerichtet / denn er gleubet
des Eingeborn Sohns G
ben die Meßpfaffen jhr S
hoch vber das Opffer JEsu
sie rühmen / sie können auch
Vnglauben sind hingestor
Fewr sitzen / durch jhr Me
derumb erlösen.

Erbarme sich der liebe
vber die armen Elenden Le
grewlichen Irthumen verf
leuchte sie / durch die Gna
stes / mit warer Erkentniß
Lambs Gottes / welch der
Amen.

Als dan nu kurtzlich b
das Bepstische Meßopffer
Christo in seinem Testame
vnd eingesetzet / welches J
austrücklichen Worten (d
fur euch gegeben wird / das
fur euch vergossen wird zur
den) vnsern glauben weis
Opffer Jesu Christi / das
Holtz des Creutzes / daran

tern Tod gelitten / vnd sein heilig Blut vergossen hat / Als sind demnach hiemit / auch die andern Bepstische Abgöttesche missbreüche / welche dem Messopffer anhangen / vnd den lieben Heiligen Aposteln / zusampt der waren reinen alten Catholischen / vnd Christlichen Kirchen / vnbekant gewesen sind / verlegt vnd verworffen / Wie dan auch alle missbreüche des Heiligen Abendmals wieder die Einsetzung JEsu Christi von etlichen der Schultheologen mit dieser Regel sind angefochten / *Sacramentum reputatur irritum, si contra institutionem celebretur.* Welche Regel auch von vnsern Vorfarn vnd Praeceptorn in den Colloquiis sehr nützlichen wieder die Papisten ist gebraucht worden mit diesen Worten / *Nihil habet rationem Sacramenti extra vsum institutum.* Es ist kein Sacrament ausser dem eingesetzem gebrauche / Als wan eine Hostie wird vom Messpfaffen vor die Lebendigen vnd Todten geopffert / oder im Spectakel vmbgetragen oder in ein Heüsslein verschlossen wird / dasselbige anzubeten ist eben so weinig ein Sacrament / als wan eine Glocke getaufft wird.

Was belangen thut den Bepstischen vnterscheit zwischen zweierley *Communion,* Eine des Priesters so die Messe helt / das derselbig allein beide gestalt / oder theile des Sacraments / zu sich nemen

men müsse/ vnd die andere Communion der Lei
zu auch die Priester gerechnet werden/ w
selbs nicht Messe halten/ sondern als and(
en/ im Todbette oder sonst/ das Sacram
geren) das denselbigen der Kelch soll gew(
vnd nicht gegeben werden/ Dauon sol ein
mer einfeltiger Christe wissen/ das solch
scheid/ zu sampt dem verbott des Kelche
Heiligen Testament/ verordnung/ vnd
vnsers lieben HErrn Jesu Christi/ strack(
dern ist.

  Dan es hat der Sohn Gotts/ vnse
HErr Jesus Christus in seinem Heiligen
ment/ ein gantz vollkomen Abendmal/ mi
seines Leibes/ vnd Trincken seines Blu(
seine gantze Christenheit/ biß zum End de
gestifftet vnd eingesetzt/ Wie er dasselbig
Nacht da er verraten ist/ vollkomen seine(
Jüngern gegeben hat.

  Vnd weil der fromme getrewe Herr
wol hat gewust/ das der Antichrist solch
terscheidt/ zwischen der Priester vnd Leie
crament/ mit dem Gottlosen verbott d(
chs/ einfüren würde/ ist er demselbige(
trücklich inn seinem Testament vorge(
mit dem allgemeinem befehl vom Heilig(

che/ Trincket alle daraus/ damit dieser Bepstischer vnterscheidt/ vnd verbott/ gantz vnd gar vmbgestossen/ vnd zu deme auch damit beweiset wird/ das solch verbott nicht von Gott/ sondern vom Teüffel vnd Antichrist ist.

So bezeüget auch nicht allein die Epistel/ des Heiligen Apostels S. Pauls/ an die Corinther/ Sondern es bezeügens auch der Kirchen Historien/ vnd der Heiligen Veter Bücher/ das die ware/ alte/ Catholische/ Apostolische/ vnd Christliche Kirche/ von dieser theilung des Sacraments nicht gewust hat.

Es ist ja die warheit/ als der Teüffel/ durch etliche vorwitzige Münche/ vnd Priester/ diese theilung des Sacraments hat angefangen/ mit dem vorgewenten scheine/ das vielleichte das blut Christi aus dem Kelche mochte gespildet werden/ doch im grunde vmb der vrsachen willen/ das er dadurch wolte die Bepstliche Priesterschafft erheben vnd das Bepstische Meßopffer/ zu spott vnd schmach vnsers Hohenpriesters Jesu Christi vnd seines Heiligen Opffers befestigen/ das domals der Bapst Gelasius/ ein offentlich decret Publicert hat/ darinnen er solche Theilung des Satraments/ nennet ein *Sacrilegium*, das ist ein Kirchendiebstall/ vnd befehlt/ das ein jeder das

B ij gantze

gantze Sacrament empfa
ben gantz enthalten solle/
könne getheilet werden.

So ist auch ja offer
167. Jaren/da dis ⁽Sacrile⁾
stall erstlich durch das C
durch ein offentlich Vnch
tigt worden/austrücklic
cret/vom gantzen Concil
den ist/Das vnser HErr
Heilig Sacrament seines
gestalt/habe eingesetzet
auch also/die alte Christ
habe/vnd das das verbot
der Einsetzung/vnd ve
Christi/auch nicht von i
Christlichen Kirchen her
aus einer eingefürten gew

Wie düncket dich da
ste/ist die Bepstische Ki
cret/darüber so viel Heil
vergossen wird/auch tv
chem Decret ihre eigene
Doctorn/wol wissen vn
das es dem Heiligen Test

des Eingeborn Sohns Gottes/ vnsers HErrn JEsu Christi/ vnd dem rechten gebrauch der waren/ alten/ Apostolischen/ Catholischen vnd Christlichen Kirchen/ zu wider vnd entgegen ist/ daraus ja dis vnwiedersprechlichen folgen muß/ das sie selbs in ihrem Hertzen wol wissen/ das solch ihr Decret/ vnd verbott des Kelchs/ nicht von Gott/ sondern vom Teüffel vnd Antichrist ist. Der liebe Gott wolle sich vber das arme Volck erbarmen/ welches so jemerlichen betrogen vnd verfüret wird/ Amen.

Vom Andern Haubtpunct.

Der Ander Haubtpunct ist/ Ob die Wort des Heiligen Testaments/ vnsers HErrn JEsu Christi (das ist mein Leib der fur euch gegeben wird/ Das ist mein Blut des Newen Testaments das fur euch vergossen wird zur vergebung der Sünden) Diese meinung/ vnd verstand haben/ das der warhafftige Leib/ vnd Blut vnsers HErrn JEsu Christi/ warhafftig vnd gegenwertig/ im Heiligen Abendmal werde gegeben/ vnd empfangen/ oder ob diese Wort allein von Zeichen/ des abwesendes Leibs vnd Bluts/ so der Glaub/ der sich in der Niessung

des

des Sacraments erhebet
daselbs anschawet / sollen

Auff diesen Punct ist
vnd antwort zusuchen / al
ments vnsers lieben HEr
warhafftigen vnd Allmec
selbst in sich halten / vnd oh
zweiffelhafftigkeit mit sich

Dann mein fromm
nicht von vngewissen / vn
hin vnd her treiben lassen /
Glauben gewiß sein / wie
ligen Testaments Jesu C
vnd Blut / in seinem Aben

So bedencke fürs erste / w
sey / welche dis Testament
mals machet / vnd hie in d
dieses Abendmals Brod a
Esset / das ist mein Leib /
wird / Vnd von dieses A
spricht / Trincket alle da
Blut des Newen Testame
gossen wird zur vergebung

So findestu das die
Herr Jesus Christus / nich
wen Marien Sohn / Sor

digen Gotts Sohn/ Ewiger warhafftiger/ All-
mechtiger Gott/ mit dem Vater vnd Heiligem
Geiste/ von welchem der Ewige Vater aus dem
Himel vns hat befohlen/ das wir jhn hören sol-
len/ vnd welchs seine Wort sind beschrieben/ von
dem wirdigen Heiligen Geist/ der da ist die dritte
Person der Ewigen warhafftigen Gottheit/ Ein
Geist der warheit der in alle warheit leitet/ derselbige hat dis Testament des Sohns Gottes
selbs beschrieben durch drei Heilige Euangelisten
vnd den Apostel S. Paul/ nach der rechten
Göttlichen Notariats Regel/ Johan. 16. Er
wird nicht von jhm selbs reden/ Sondern was er
hören wird/ das wird er reden.

 Wan du nu/ mein frommer Christ/ erst-
lichen diese gedancken in deinem Hertzen gefasset
hast/ So folge darnach dem Exempel/ vnd vor-
bilde/ des glaubigen Abrahams/ wie dauon zuuorn aus dem vierdten Capittel zun Römern gesagt ist/ das ist/ Laß dich keine vorwitzige gedan-
cken/ der natürlichen weißheit/ vernunfft/ vnd
verstands hindern/ vnd irre machen/ Sondern
halte mit deinem Glauben veste/ an dem Wort
des Herrn Jesu Christi/ vnd gib jhme die Ehre/
das du ober alle natürliche vernunffte/ verstand/
Weißheit/ Sinne vnd beweiß/ dieses auffs aller ge-

ler gewisseſt wiſſeſt/ das vi
ſtus/ iſt ein warhafftiger
der thun kan/ alles was er
vnd bey deme kein Wort iſt

Wan du nu in ſolch(
hamiſchem glauben/ die A
ſtaments/ vnſers lieben H
trachteſt/ So haſtu einen
bericht/ dem du mit gewiſ
vnd ſolleſt vertrawen/ ſo
den Vater halteſt vor den
der dir befohlen hat/ das d(
Chriſtum hören ſolt/ Vnc
Sohn Gotts Jeſum Chr
hafftigen Gott halteſt/ der
dieſe warhafftige Wort ſp(
als du den Heiligen Geiſt/
Gott halteſt/ der dieſe W
Jeſu Chriſti/ beſchrieben h

Vnd heiſſet nu dieſer
alſo/ das der warhafftige
Gotts vnſer HErr JEſus
ſeinem Heiligen Teſtamen
nes Heiligen Abendmals/
gegeſſen wird/ ſey ſein Leib
iſt/ vnd das der Wein ſe

mals der da gegeben/vnd aus dem Kelche des Abendmals getruncken wird/sey sein Blut des Newen Testaments/das vor vns vergossen ist zur vergebung der Sünden.

Da hastu mein frommer Christe/dieses andern Haubtpuncts ein gewisse/warhafftige erklerung/vnd ein klare deütung/wie du die Wort des Testaments Jesu Christi/von seinem Leib vnd Blut/in dem Heiligen Abendmal/verstehen sollest/Nemlich nicht von Zeichen/abwesendes Leibs vnd Bluts/sondern vom waren/gegenwertigem Leibe vnd Blute/Dan was abwesend ist/das wird dir in deinem Mund zu Essen vnd zu Trincken nicht gegeben.

Darumb wan du auff diesen andern Haubtpunct gefraget wirst/Was das Heilig Abendmal vnsers Herrn Jesu Christi sey? Antworstu recht/aus deim Catechismo des Gottseligen Vaters Lutheri Es ist der ware Leib vnd Blut/vnsers Herrn Christi/vnter dem Brod vnd Wein/vns Christen zu essen vnd zu Trincken/von Christo selbst eingesetzt/Dan diese antwort ist genomen aus des Herrn Jesu Christi eigenen Worten/Nemet hin/Esset/das ist mein Leib/der vor euch gegeben wird/Trincket alle daraus/das ist der Kelch/des Newen Testaments/in meinem Blut/

Blut / das vor euch vergossen wird / zur
bung der Sünden / Daraus ja vnwiderfp
chen erfolget / das / wer diß Brod des Y
mals Jesu Christi empfanget vnd isset / D
pfanget vnd isset / nicht allein das Brod
Zeichen vnd Erinnerung des abwesenden
sondern empfanget vnd isset / den waren L
sers Herrn Jesu Christi / welcher Leib vor
gegeben / vnd am Creütz geopffert / Vnd w
dem Kelche des Abendmals JEsu Christi
cket / der Trincket nicht allein den Wein / zu
chen vnd Erinnerung / des abwesenden
sondern empfanget vnd Trincket das ware
Jesu Christi / das vor vns vergossen ist zu
gebung der Sünden.

 Also mein frommer Christe / soltu m
feltigem Abrahamischem glauben / veste
wie ein vnbewegliche Maur / auff den
Worten / des warhafftigen Almechtigen
Gotts / Jesu Christi vnsers Herrn / vnd si
wol für / das du keinem Menschen auff
ja auch keinem Engel im Himel / die Ehr
das er das Heilig Testament Jesu Christi
könne deuten / als der Herr Jesus Christu
gesprochen / vnd seine eigene wort selbs
tet / vnd außgelegt hat.

Auch sihe dich wol für / das du dir durch keine vernunfftige Rede / wider die warheit / vnd Allmechtigkeit vnsers HErrn JEsu Christi / des Sohns Gottes / einige vnglaubige gedancken / von einiger vnmügligkeit inbilden lassest / das du dich derhalben woltest durch Vnglauben abwenden lassen / von den klaren Worten / des Testaments JEsu CHristi / zu zweiffelhafftigen vngewissen deütungen / so von vorwitzigen Menschen / nu auff diese / nu auff andere meinung / werden ertichtet vnd furgebracht / doch allzumahl zu dem End / das des warhafftigen / Allmechtigen Sons Gotts / vnsers lieben Herrn JEsu Christi / seine Wort / in seinem Heiligen Testament / von empfahung seines Leibs vnd Bluts / sollen in ihrem eigentlichen verstand vnmüglich / vnd darumb nicht war sein.

Dagegen mein frommer Christe / dencke du an den Spruch Christi / zu allen Vngleübigen Schwermern geredet / Mat. 22. Jhr irret / vnd wisset die Schrifft nicht / noch die Krafft Gotts / Vnd folge also durch Gotts hülff vnd gnade / dem Glauben des Vaters Abraham / Rom. 4. das ist / Wieder alle solche vernunfftige geticht vnd Rede von vnmüglicheit / zweiffele du nicht durch Vnglauben / an dem Testament des

Sohns Gotts / sondern b
Glauben / vnd gib ihme d
aller gewissest wissest / da=
warhafftige / vnd Allmec
thun kan alles was er be
ihme kein Wort vnmügli
durch Gotts gnad / absond
bigen Secten / auff das d
in der Weide JEsu Chri
sein recht Discipel vnd Jü
erkennest vnd wissest / La
schriebenen Regelen / Joh
fe hören meine stimmen / J
folgen sie nicht nach / sond
den sie kennen der frembde
Johan. 8. So ihr bleib
werdet ihr meine rechte Jü
heit erkennen.

 Begerestu / fromme
erklerung aus Gotts W
ment vnsers Herrn Jesu (
che auch / in der Ersten E
im 10. Capit. Da der H
Apostel S. Paul / die
Christi auslegt vnd deüt
tigen deütungs Regel / w

vnser rechter Rabbi vnd Meister selbs gesetzet/ vnd furgestellet hat. Johan. 16. Der Heilige Geist wird nicht von sich selbs reden/ Sondern was er hören wird/ das wird er reden/ vnd was zukünfftig ist/ wird er euch verkündigen/ derselbig wird mich erkleren/ denn von dem meinen wird ers nemen/ vnd euch verkündigen.

Nach dieser Regel/ hat der Heilig Geist/ durch den Apostel S. Paul/ auch diese erklerung vnd deutung/ aus den worten des heiligen Testaments JEsu Christi genomen/ vnd der Heiligen Christlichen Kirchen verkündiget/ vnd gegeben/ 1. Cor. 10. Der Kelch den wir segenen/ ist der nicht die gemeinschafft des Bluts Christi? Das Brod das wir brechen/ ist das nicht die gemeinschafft des Leibs Christi?

Hie bedencke dich wol/ mein fromer Christ/ Woher der Heilig Geist/ durch sein Werckzeug S. Paul/ diese erklerung vber das gesegnete Brod/ vnd Kelch des Heiligen Abendmals genomen habe/ So vnterrichtet dich der HErr Jesus Christus selbs/ durch die vorgesetzte Regel/ Joh. 16. das der Heilige Geist diese erklerung genommen hat/ aus des Herrn Christi worten/ die er selbst in seinem Testament spricht/ von diesem Brod/ vnd von diesem Kelch/ seines Abendmals

Das ist / Weil vnser Herr Jesus Christus
also spricht / von dem Brod seines Abendm[als]
Nemet hin Esset / das ist mein Leib / der ver[
gegeben wird / So spricht auch der Heilige [Geist]
durch den Apostel von diesem Brod / Das [Brod]
das wir brechen / ist die gemeinschafft des [Leibs]
Christi. Vnd weil vnser HErr JEsus Chr[istus]
selbs also spricht / vom Kelche seines Abendm[als]
Trincket alle daraus / das ist mein Blut des [neu]
wen Testaments das ver Euch vergossen w[ird]
zur vergebung der Sünden / So spricht der [Hei]
lig Geist auch also / durch den Apostel S. P[aul]
Der Kelch den wir segenen ist die gemeinsch[afft]
des Bluts Christi.

Derhalben ob diß wol kurtze Wort se[ind]
begreiffen sie doch in sich nötige / vnd treff[liche]
Erinnerunge / vnd Lere / zu dem rechten ver[stand]
de des Heiligen Abendmals / vnsers lieben H[errn]
JEsu Christi / gehörig.

Es bezeuget der Heilig Geist durch den [Apo]
stel S. Paul / mit diesen worten / das die [hei]
lige Christliche Kirche / biß zum Ende der [Welt]
kein ander Abendmal Christi JEsu haltet /
keine andere Speise vnd Tranck / im Heil[igen]
Abendmal Christi / austheilet vnd empfan[get]
als vnser Herr Jesus Christus / in der nach[t]

er

er verraten ward / mit seinen Jüngern zu Jerusalem gehalten / inen außgetheilet vnd gegeben / vnd sie von jhme empfangen / gegessen / vnd getruncken haben / Vnd solchs darumb / das vnser HErr JEsus Christus / in diesem seinem Testament / diese verordnung gemacht / vnd diesen befelch gegeben hat / das die Heilige Christliche Kirche / solchs thun soll / zu seinem gedechtniß / Das ist / sol dis sein Heilig Abendmal also halten / Segenen / außtheilen / empfangen / Essen vnd Trincken / vnd den Tod des Herrn verkündigen / biß das er widerkomen wird / zu richten die Lebendigen vnd Todten.

Gleich als dan in dem Heiligen Abendmal zu Jerusalem / das Brod / vnd der Wein des Kelchs / so der warhafftige vnd Allmechtige Sohn Gotts / vnser HErr JEsus Christus / in der Nacht da er verraten ward / mit dem Wort seines Mundes hat gesegnet / vnd mit seinen heiligen Henden / seinen Jüngern hat außgetheilt / vnd gegeben / vnd sie von jhme empfangen haben / ist jhnen gewesen / die Gemeinschafft des Leibs vnd Bluts Christi / Nemlich / das ein iglicher Jünger / der vom HErrn CHristo dis Brod empfangen vnd gessen hat / der hat empfangen vnd gessen / den waren Leib Jesu Christi / Vnd

sti / Vnd ein iglicher der aus diesem Kelch
jhm der HErr Jesus gereichet / hat getrun[cken]
der hat getruncken das ware Blut Jesu Ch[risti]
darumb das diese Wort des warhafftigen /
Allmechtigen Sohns Gottes / onsers Herr[n Je]
su Christi / warhafftige vnd krefftige Wort
Esset / Das ist mein Leib / der vor euch geg[eben]
wird / Trincket alle daraus / das ist mein [Blut]
des Newen Testaments / das vor euch verg[ossen]
wird / zur vergebung der Sünden. Al[so]
biß zum End der Welt / das Brod vnd [der]
Wein / so in dem Heiligen Abendmal / nach
befehl vnd Einsatzung / onsers Herrn Jesu [Chri]
sti / mit seinem eigen Wort gesegenet / vnd
getheilet wird / Ein gemeinschafft des Leibe[s vnd]
Bluts Christi / omb derselbigen Wort v[nsers]
Herrn Jesu Christi willen / Esset das ist mein [Leib]
der vor euch gegeben wird / Trincket alle dar[aus]
das ist mein Blut des Newen Testaments /
vor Euch vergossen wird / zur vergebung [der]
Sünden.

 Welche gemeinschafft ist diese / das e[in]
der / der in diesem Heiligen Abendmal / diß [Brod]
empfanget / das auß dem befehl JEsu Chr[isti]
durch sein eigen Wort gesegnet ist / Neml[ich]
Esset / das ist mein Leib der vor Euch geg[eben]

wird/vnd der aus diesem Kelche Trincket/der auch aus dem befehl Jesu Christi mit seinem eigen Wort gesegnet ist/ Nemlich/ Trincket alle daraus/das ist mein Blut/des Newen Testaments/ das vor euch vergossen wird/zur vergebung der Sünden/ der empfanget isset vnd trincket den waren Leib vnd Blut Jesu Christi. Vnd wer nicht allein empfanget mit dem Munde/ Sondern zugleich auch mit warem Glauben/ (als wir ja alle sollen thun/ die wir/ mit Gotts hülff/ wirdiglichen dieses Heiligen Abendmals geniessen wollen) derselbige wird in dieser Niessung/ auch theilhafftig/ alles verdienstes/ so vnser Herr Jesus Christus/ vns armen Sündern/ durch das Opffer seines Leibes/ vnd durch sein teürbar Blut vergiessen/ erworben hat/ Nemlichen der vergebung der Sünden/ vnd des ewigen Lebens/ vnd der eingeleibten verbundnus vnd vereinigung mit dem Herrn Jesu Christo/ Wie solcher herlicher Trost/ von der Geistlichen Niessung des Leibs vnd Bluts Jesu Christi/ in warem Glauben/ beide ausser dem gebrauch der Heiligen Sacrament/ im Wort des Heiligen Euangelij/ vnd auch in dem gleübigem gebrauch der Heiligen Sacrament/ vns vberaus tröstlichen/ von vnserm HErrn JEsu Christo wird

b   fürge-

fürgestellet / mit solchen Worten / dauon (
der frommer Christ / der sie im Glauben
zu Hertzen fasset / muß bekennen vnd sagen
diese Wort Geist vnd Leben sein. Joh. 6.
mein Fleisch isset / vnd Trincket mein Blu[t]
hat das ewig Leben / vnd ich werde jhn am
gesten Tage wider aufferwecken / dan mein f
ist die rechte Speise / vnd mein Blut ist der
te Tranck / Wer mein Fleisch isset / vnd tr[incket]
mein Blut / der bleibet in mir / vnd ich in j[hm]
Gleich als mich gesandt hat / der Lebendig[e Va]
ter / vnd ich lebe vmb des Vaters willen /
wer mich isset / derselbige wird auch leben
meinent willen.

 Ferner ist in diesen Worten / des H[errn]
Apostels (Der Kelch den wir segenen) a[nge]
griffen / die Summa der Lere von der *Consec[ration]*
oder dem Segen des Abendmals / dauo[n eine]
richtige Erklerung nötig ist / nicht allein w[ider]
die Donatisten / vnd Papisten / Sondern
wider die jenige / welche sich nicht schemen [mit]
falschen Lere vnd Rede / das man auch /
die Wort der Einsetzungen / könne halte[n das]
Sacrament / der Tauffe / vnd des Abend[mals]
Jesu Christi / Dan es sollen (wie solche Le[ute fur]
geben) die Sacrament nicht an Wort vnd

laben gebunden sein/ Ach du frommer Jesu/ wie bistu so gedültig/ Wehe aber den jenigen die deiner gedult mißbrauchen.

Die Heilige Christliche Kirche/ haltet die Consecration oder Segen/ des Brods vnd Weins im Heiligen Abendmal/ aus der Einsetzung vnsers Herrn Jesu Christi/ vnd nach dem Exempel der lieben Heiligen Apostel/ Wie der Apostel S. Paul. hievon sagt/ 1. Cor. 10. Der Kelch den wir segenen. Eben gleich als die heilige Christliche Kirche/ haltet die heilige Tauffe/ mit den Worten/ damit sie der Herr Jesus Christus hat eingesetzet/ Tauffet im Namen des Vaters/ vnd des Sohns/ vnd des Heiligen Geistes.

Wie dann ein jeder Christ muß bekennen/ das es ein falsche Lehr ist/ das man könne Tauffen/ ohne diese Wort/ In deme Namen des Vaters/ vnd des Sohns/ vnd des Heiligen Geistes/ Also muß auch ein jeder Christen bekennen/ das es ein falsche Lehr sey/ das ohne den Segen/ der Wort vnsers lieben Herrn Jesu Christi/ in seinem Heiligen Testament/ Brod vnd Wein vor den Leib/ vnd Blut des Herrn Jesu Christi können außgetheilet/ vnd empfangen werden.

Derhalben mein frommer Christ/ soltu die nachfolgende Zeügniß der alten Lerer/ von

der waren Consecration oder Segen / mit fleiß
dencken / damit vberein stimmen die herrl[ichen]
Wort / des Seligen Vaters Lutheri / in sei[nem]
grossen Catechismo / vber des Heiligen Aug[usti]-
ni Rede / *Accedat verbum ad Elementum & fit Sacram[entum]*
Die Wort Lutheri lauten also.

Was ist das Sacrament des Altars?? [Ant]-
wort. Es ist der ware Leib / vnd Blut /
Herrn Jesu Christi in vnd vnter dem Brod /
Wein / durch Christus Wort / vns Christe[n be]-
fohlen zu Essen vnd zu Trincken. Vnd wie
von der Tauffe gesagt / das nicht schlecht [Was]-
ser ist / So sagen wir hie auch / das Sacra[ment]
ist Brod vnd Wein / aber nicht schlecht [Brod]
vnd Wein / so man sonst zu Tisch tregt / son[dern]
Brod vnd Wein / in Gotts Wort gefasset /
daran gebunden. Das Wort / sag ich / ist d[as]
das das Sacrament machet / vnd vnterschei[det]
das es nicht lauter Brod vnd Wein / son[dern]
Christus Leib vnd Blut ist / vnd heisset / d[a]
heisset / *Accedat verbum ad Elementum & fit Sacrame[ntum]*
Wenn das Wort zum eusserlichen ding kom[pt /]
so wirds ein Sacrament.

Dieser Spruch Augustini ist so eigent[lich]
vnd wol geredet / das er kaum einen bessern
sagt hat / Das Wort muß das Element

Sa

Sacrament machen / wo nicht / so bleibts ein lauter Element. Nu ists nicht eins Keisers oder Fürstens / sondern der hohen Maiestet Wort vnd Ordnung / dafur alle Creaturn sollen zu Fuß fallen / vnd ja sprechen / das es sey / wie er sagt / vnd mit allen Ehren / vnd Demuth annemen / etc.

Vnd im Buch von der Winckelmeß schreibet Lutherus also. Das Brod vnd Wein Christus Leib vnd Blut werden / ist nicht vnsers thuns / sprechens / oder wercks / viel weiniger des Chresems / oder Weihe schuld / Sondern es ist Christus Ordnung / befelich vnd Einsetzung schuld / derselbe hat befohlen (wie S. Paulus sagt / 1. Cor. 11.) Wenn wir zusamen komen vnd seine Wort ober Brod vnd Wein sprechen / so sol es sein Leib vnd Blut sein / Das wir hie auch nicht mehr thun / dan reichen / vnd geben Brod vnd Wein / mit seinen Worten / nach seinem befelch / vnd Einsetzung / Vnd solch sein befelch vnd Einsetzung vermag / vnd schaffet das wir nicht schlecht Brod vnd Wein / sondern seinen eigenen Leib vnd Blut da reichen vnd empfangen / wie seine wort lauten / Das ist mein Leib / das ist mein Blut / das nicht vnser werck oder sprechen / Sondern der befelich vnd Ordnung Christi / das

b iij Brod

Brod zum Leib / vnd Wein zum Blut ma
von anfang des erſten Abendmals / biß a
Welt end / vnd durch vnſern dienſt / oder
teglich gereicht wird.

Das diß ſey der waren / alten / Apo
ſchen / Chriſtlichen Kirchen / einfeltige
von der Conſecration / oder Segen des Hei
Abendmals / ſolchs bezeügen der alten Lere
Veter eigene Worte.

Der alte Vater vnd Lerer Jreneus /
alſo. Wan das Brod vnd der Kelch / vber
men das Wort Gottes / ſo iſts ein Sacra
des Leibs vnd Bluts Chriſti. Item /
das Brod oberkommet (*vocationem Dei*) die
nung Gottes / ſo iſt es nicht mehr gemein
ſondern iſt ein Euchariſtia oder Sacram
das auß zweien dingen beſtehet / einem irdi
vnd einem Himliſchen.

Der Heilig Ambroſius ſagt / das
ſey der Leib Chriſti / vmb der Conſecration /
Segens willen / das iſt / vmb der Wor
HErrn JEſu Chriſti willen / Dann (ſagt
vor der Conſecration oder Segen / iſt es nich
Leib Chriſti / aber nach der Conſecration /
nach dem Segen / iſts der Leib Chriſti. *Ipſ
& factum eſt.* Chryſoſtomus ſagt alſo. Derſel

Christus / der das erste Abendmal herlich gemacht hat / derselbig ist nu auch gegenwertig / vnd segenet auch diß Abendmal / die Wort werden durch des Priesters Mund geredet / aber sie wircken durch die Krafft vnd gnad Gottes.

Solche Sprüche der Heiligen alten Veter / zeugen klarlich / was die alte / ware / Christliche Kirche / von der Consecration oder Segen des Heiligen Abendmals geleret / vnd gehalten habe / Dabey sol ein frommer Christ / in seinem einfeltigem Glauben bleiben / vnd andere vorwitzige Disputation vnd reden / welche der alten waren Christlichen Kirchen vnbekandt sein / faren lassen.

Das aber etliche auch diesem schönen Spruch / des Heiligen Augustini (*Accedat verbum ad Elementum, & fit Sacramentum*) darumb eine frembde deütung anhengen / das im Augustino diese Wort folgen / *Non quia dicitur, sed quia creditur.* Darauff sol ein frommer Christ diesen warhafftigen Bericht wissen / das dem Heiligen Augustino hiemit gewalt vnd vnrecht geschicht. Dan Augustinus in Tractatu. 80. in Johannem / setzet ersten diese Wort (*Accedat verbum ad Elementum & fit Sacramentum,* Wen das Wort kompt zum eüsserlichen ding / so wirds ein Sacrament) schlecht vnd

vnd recht / ohne diesen anhang oder zusatz.
aber darnach / als er die Frage fürstelt / vo[n]
krafft des Sacraments der Heiligen Tauf[f]
setzet er diese wort also. *Vnde ista tanta virtu[s]
vt corpus tangat, & cor abluat, nisi faciente verbo: n[on]
dicitur, sed quia creditur.* Das ist / woher ist [die]
krafft des wassers / das es an den Leib r[ürt]
vnd das Hertz abwaschet? Das thut das [wasser]
nicht darumb das es gesprochen wird / so[ndern]
das es gegleübt wird. Das ist recht geredt [vnd]
stimmet vberein mit dem wort Christi.
gleübt vnd getaufft wird der wird Selig.

Dieser erzelte Bericht / vnd Zeügniss [des]
Heiligen Peter / von dem Segen oder Conse[cration]
des Heiligen Abendmals / beweisen auch [end]
lich / das der alten waren / Heiligen / C[hrist]
lichen Kirchen vnbekanot gewest ist / nicht [allein]
der Papisten *transsubstantiation*, vnd der Zwin[g]
ner Deütelei / Sondern auch die irrige opinio[n] [der]
jennigen / so den grundt vnd Fundament de[r wa]
ren gegenwertigkeit / des Leibs vnd Bluts [vnsers Herrn]
Christi / im Heiligen Abendmal / setzen auf[f die]
Leibs vnd Bluts obiquitet / in allem geme[inen]
Brod / vnd wein / vnd in allen Creaturn,
mit ja der Segen des Heiligen Abendmals,
den worten vnsers lieben HErrn Jesu Chr[isti]

vernichtiget / vnd der eigentlicher vnterscheid /
zwischen dem Heiligen Abendmal Jesu Christi /
vnd ander gemeiner Speise vnd Tranck auffgehoben werden.

Darumb auch der Gottsalige Vater Lutherus diese getrewe Vormanung / vnd Warnung hat nachgelassen / Nemblichen. Es wird
der ware Leib / vnd das ware Blut Christi / im
Brod vnd Wein / zu Essen vnd zu Trincken gegeben. Nu erhebt sich ein Frage. Wie kan Christus Leib im Sacrament sein / so doch ein Leib
an vielen örten zu gleich nicht sein kan? Hierauff
antworte ich also. Christus hat gesagt / Er
wolle da sein / darumb ist er warhafftig im Sacrament / dazu Leiblich. Darumb ist er warhafftig da. Vnd sol auch kein ander vrsach / solcher
Leiblichen gegenwertigkeit / gesucht werden / den
diese / die Wort lauten also / darumb muß es also geschehen / wie sie lauten. Was aber den Leib
belanget / kan Christus / wenn er wil / allenthalben oder an allen örten sein / darumb hats
ein andere meinung mit seinem vnd vnserm Leib.
Vom allenthalben / oder an allen örten sein / sol
nicht disputert werden / Es ist viel ein ander ding
in dieser sachen / So reden auch die Schultheologen hie nichts vom allenthalben / sondern behalten

halten den einfeltigen verstand von der Leibl
gegenwertigkeit Christi.

Was belangen thut der Papisten Tr
stantiation oder wesentliche verwandlung / vn
Zwinglianer deutelei / von zeichen des abn
des Leibs und Bluts Christi / nachdem beide
sich mit vnfugen / auff die alten Veter vnd
der Heiligen Kirchen beruffen / als sol ein fr
Christen diesen warhafftigen / einfeltigen
bericht mercken.

Ob wol beide Papisten / vnd auch Zi
lianer / etliche zum theil tunckele / vnd zw
hafftige / zum theil auch vngereimte / vnd z
chen nicht gehörende Sprüche / aus der
Schrifften fürbringen / So weiß doch ein
verstendiger Mensch wol / das auch in s
chen sachen / *testimonia obscura, ambigua & impert*
tunckele / zweiffelhafftige / vnd zur sachen
hörende Zeügnisse / nichts gelten / wens
nur drei Fliegen füsse betreffe / Viel we
sollen wir Christen in solcher hohen sacher
sern Glauben auff solche Spruch vnd Ze
bawen / vnd damit vns von des warhaf
vnd Allmechtigen Sohns Gottes / JEsu C
vnsers HErrn / seinem warhafftigem He
Testament / vnd von dem alten / waren C

ben der Heiligen Christlichen Kirchen / so durch andere klare Zeügniß der Heiligen Veter / welche mit dem Heiligen Testament JEsu Christi vberein stimmen / wird bezeüget / lassen abtreiben.

Auff das du derhalben mein frommer Christ / eigentlich mügest wissen / was der lieben Heiligen Christlichen Kirchen / von der Heiligen Aposteln zeit hero / vnd der alten Heiligen Veter vnd Lerer / eigentliche gewisse Lere vnd Glaube / von dem Heiligen Abendmal vnsers lieben Herrn Jesu Christi gewest sey / So soltu diesen warhafftigen bericht mit fleiß mercken vnd in deinem Hertzen wol betrachten.

Der Heilig Jreneus / welcher bald nach der Heiligen Apostel zeit gelebt hat / setzet diesen klaren vnd deüdlichen Spruch. *Qui est è terra panis, percipiens vocationem Dei, non iam est communis panis, sed Eucharistia ex duabus rebus constans, terrena & cœlesti.* Das ist / Wan das jrdisch Brod vberkompt die nennung Gottes / so ists nicht mehr gemein Brod / sondern ist ein Eucharistia / oder Sacrament / das aus zweien dingen bestehet / einem jrdischen vnd einem Himlischen.

Vnd was er durch das Himlisch ding meinet / solchs erkleret er selbs also / Wan das Brod

c ij   vnd

vnd Kelch empfangen das Wort Gottes
wirds ein Eucharistia oder Sacrament /
Leibs vnd Bluts Christi.

Der Heilig Augustinus behelt / vnd
tirt die wort des Alten Jrenei / vom Hei
Abendmal / Nemlichen / *constat duobus* . es
het aus zweien dingen / vnd setzet eine außt
liche erklerunge dazu / was Jreneus mit d
zweien dingen gemeinet / vnd wie es von der
ligen Christlichen Kirchen verstanden sey /
lichen / das die zwei dinge sein das sichtba
Brod vnd Wein / vnd der vnsichtbarliche
vnd Blut vnsers HErrn Jesu Christi.

Da hastus / mein frommer Christ /
die ware / alte / Heilige / Catholische / Chris
Kirche von der Heiligen Apostel zeit hero /
auff den Heiligen Augustinum / vom Hei
Abendmal Jesu Christi aus Gottes Wort
halten / geleret / vnd gegleübet hat / welche
vnd Glaube muß der Heiligen Christlichen
chen Lere / vnd Glaube bleiben / so lange ein
re Lere / vnd Glaube in der Heiligen Christl
Kirchen bleiben wird. Wie Sanct Paulus
Vna fides . Ein Glaub / vnd swer sich von dies
nigen / einfeltigen Lehr / vnd Glauben a
dert / derselbige schleicht / heimlich oder offen

auß der einigkeit des einigen waren Glaubens/ der Heiligen Christlichen Kirchen. Dan es kans kein Mensch beweisen/ das diese Lere vnd Glaube/ der Heiligen Christlichen Kirchen/ so aus Gotts Wort durch den Heiligen alten Vater Jreneum also gefasset/ vnd vom Heiligen Augustino auch also repetirt vnd erklert ist/ jemals durch jenig Christlich Concilium/ oder einigen waren Lerer der Kirchen ist gestrafft worden.

Nun weiß ja ein jeder verstendiger Mensch/ was diese Rede/ beide Jrenei vnd Augustini (*constare ex duabus rebus*) auß zweien dingen bestehen) vor ein eigentliche meinung/ vnd verstand habe. Nemlichen/ Was aus zweien dingen bestehet/ dazu gehöret/ das die zwei dinge/ müssen zusamen gegenwertig sein. Dann wo das eine ding in das ander verwandelt ist/ oder wo das eine ding vom andern ist abwesend/ So wird der eigentliche sinn/ vnd verstand/ dieser Rede (*constare ex duabus rebus*) auß zweien dingen bestehen) nicht behalten.

So wird nu hiemit klarlichen bezeüget/ zum ersten/ wieder die Papisten/ das die alte ware Christliche Kirche/ nichts hat gewust/ gleubet oder geleret/ von jhrer ertichten *Transubstantiation* oder wesentlicher verwandlung/ Dann wo das

c iij wesen

wesen des Brods vnd Weins nicht bliebe / so
re diese Rede Jrenei vnd Augustini falsch /
das Sacrament des Abendmals aus zu
dingen bestehet / dauon eins ist Brod vnd W
vnd das ander ist der ware Leib vnd Blut vn
Herrn Jesu Christi. Vnd so mustś also heis
constat vna re. Es bestehet allein aus einem din
Wie zu Cana / da das Wasser zu Wein wor
war / warens nicht zusamen zwei dinge / A
ser vnd Wein / sondern es war ein ding / Ne
lich / allein Wein / dan das Wasser war in
Wein verwandelt.

 Das aber hiegegen angezogen werden
Heiligen Augustini Wort / der *Rem terrenam*,
jrdisch ding nennet / *Visibilem Elementorum speciem*,
mit kan nicht werden beweiset / das er auff
pistisch weise gleubt / vnd geleret habe / das n
das wesen oder substantz des Brots vnd Wei
sondern allein die eüsserliche *accidentien*. das ist /
lein die eüsserliche gestalt ohne das wesen da
be / wie solchs auch die Kinder in der Schu
versiehen vnd wissen.

 Dan ob wol in der deüdschen Sprach n
gemeinem gebrauch / das Lateinisch Wort / *Sp*
durch das Wort / Gestalt verdolmetscht wi
So ists doch dem eigentlichen verstand gar
wid

wider / das durch das Wort / Species. allein farbe / vnd andere eüsserliche accidentien, des Brots vnd Weins / ohne jhr wesen oder substantz / solten vom Heiligen Augustino gemeinet sein. Dan es meinet der Heilige Augustinus durch diese Wort / Visibilis Elementorum species, eben dasselbige / das der Heilige Jreneus nennet rem terrenam, ein jrdisch ding. Vnd gleich wie du nicht kanst sagen / das diese Rede / Homo est visibilis creaturarum species, so viel heisse / als das der Mensch sey / allein eine eüsserliche gestalt / der farbe / vnd anderer Menschlichen accidentien, ohne das ware Menschlich wesen / oder substantz / also kanstu auch nicht sagen / das diese Rede Panis & vinum cœnæ sunt visibiles Elementorum species, so viel heisse / Brod vnd Wein im Heiligen Abendmal sind allein sichtbarliche gestaldt der Farbe / vnd andere accidentien. ohne Brots vnd Weins wesen oder substantz.

Diese Erinnerung vom Lateinischen Wort Species, ist auch dazu nötig vnd nütz / das wan in der Deudschen Sprach / auch von den vnsern / das Wort / Gestalt / gebraucht wird in den Reden vom Heiligen Abendmal / wie dan auch in der Augßpurgischen Confession geschicht / das es dan nicht sol nach Papistischer weise verstanden / vnd auff die Transsubstantiation oder wesentliche verwan-

verwandlung / gezogen wel
es sol verstanden werden / w
Wort / Species, welchs hiemit
gesagt ist.

Ergert man sich doch
(Gestalt) in dem schönen (
das Gottes Sohn Knecht
men hat / Vnd wird ja nicht
Wort / Gestalt / die Ketzer
vom Phantastischem Leib b
solt dan sich ein fromer Chr
Gestalt ergern / in den Red
bendmal / als ob damit die
stantiation bestetiget würde.

Den Irthumb der P
substantiation. oder wesentlicher
derlegt der Heilig Geist du
Paul / klarlichen mit diesen
11. Der Mensch prüfe sich
er von diesem Brod / vnd
Kelch.   Da nennet der
Brod / im gebrauch des He
Daraus folget ja / das es sein
nicht habe verlorn / als das
Cana / Wein ward. Sond
vnd der Leib Christi / Wein

ſtl/ zuſamen vnd mit einander im Heiligen Abendmal gegenwertig ſein/ gegeben vnd empfangen/ gegeſſen vnd getruncken werden. Welche zuſamen gegenwertigkeit/ eine Sacramentliche einigkeit/ pfleget genennet werden/ zu welcher erklerung/ vnd beſchreibung dieſe Reden/ von Alter her/ in der Heiligen Kirchen ſind gebraucht worden/ das der Leib vnd Blut JEſu Chriſti in/ mit/ oder vnter dem Brod vnd Wein im Heiligen Abendmal gegeben vnd empfangen werde.

Vnd wird mit ſolchen Reden/ den Worten des Herrn Jeſu Chriſti (das iſt mein Leib/ das iſt mein Blut) keine frembde deutung angehenget/ Sondern wird allein diß/ damit auffs einfeltigſt außgeſprochen/ das im Heiligen Abendmal/ nicht geſchehe ein *Transſubſtantiation* oder weſentliche verwandlung/ wie zu Cana das Waſſer in Wein verwandelt ward/ das auch Brod vnd Wein/ nicht allein ſein zeichen/ des abweſendes Leibs vnd Bluts/ ſondern das/ wie Jreneus vnd Auguſtinus reden/ diß Sacrament aus zweien dingen beſtehe/ welche zuſamen ſind gegenwertig/ vnd zuſammen gegeben vnd empfangen gegeſſen vnd getruncken werden/ Nemlich Brod vnd der ware Leib JEſu Chriſti/

d   Wein

Wein vnd das ware Blut JEsu Christi/
laut der Wort JEsu Christi.

Wie nun durch den Spruch des Hei
Jrenei/ vnd desselbigen repetition/ vnd de
tion im heiligen Augustino beweiset ist / da
Papisten der alten waren/ Heiligen Apo
schen Catholischen/ vnd Christlichen Kir
vnd den alten Vetern vnrecht thun/ wan si
jhren gezeügnissen/ die ertichtete *Transsubstant*
vnd derselbigen anhengige jrthume vnd miß
che/ wollen beweisen/ dauon etliche jhrer S
theologen selbs bekennen/ das die *Transsubstant*
in Gotts Wort keinen grund habe/ vnd der
ben nicht solle fur gewiß *immutabiliter* glaubt
den.

Also wird auch durch diesen selbigen Sp
Jrenei/ vnd dessen repetition im Augustino/
beweiset/ das eben also auch von den Zwin
nern/ der waren alten Christlichen Kirchen
den alten Vetern vnd Lerern vnrecht gesch
wan sie sich vnterstehen/ mit jhren gezeügi
zubeweisen/ das der ware Leib/ vnd Blut
sers Herrn Jesu Christi/ nicht sey auff E
im Heiligen Abendmal gegenwertig/ So
sey so weit dauon abwesend/ so weit vnd
der höchste Himel von der Erden ist. Got

zelhe mirs/ das ich diese erschreckliche Rede/ also muß erzelen/ vnd behüte alle fromme Hertzen/ das sich Niemand daran ergere.

Hiezu sagen diese beide/ alte/ getrewe/ vnd Heilige Veter / Jreneus / vnd Augustinus / von wegen/ vnd im Namen der gantzen alten/ waren/ Christlichen Kirchen also. Wenn ihr vns/ vnd der alten Heiligen Christlichen Kirchen/ welcher Diener vnd Lerer wir geweft sein/ solches zumesset/ So thut ihr vns/ vnd der Heiligen Kirchen/ gewalt vnd vnrecht.

Dan also hat die ware/ Heilige/ Christliche Kirche/ von der Heiligen Apostel zeit hero gegleubet/ vnd wir haben auch also geleret/ das das Heilig Sacrament des Abendmals/ vnsers HErrn Jesu Christi (*constat ex duabus rebus*) bestehet auß zweien dingen/ welche sein Brod vnd Wein/ vnd zugleich auch/ der ware Leib/ vnd Blut/ vnsers HErrn JEsu Christi. Vnd solchs darumb/ das vnser Herr Jesus Christus/ also vom Brod vnd Wein seines Abendmals redet/ vnd seinen Leib vnd Blut nennet/ wie dieser Spruch Jrenei/ vom Gottsaligen Vater Luthero/ sehr fein ist außgelegt/ mit diesen worten.

Jreneus spricht hie (Nemlichen in diesem Spruch/ Wen das Brod vberkompt die *vocationem*

nem Dei, die nennung von Gott) es sey nach
Wort Gotts nicht mehr schlecht Brod/ son
neben dem jrdischem Brod/ auch ein Him
ding da/ vnd ist ein vnuerschampte dürst/
jemand wolte das nennen Gottes/ dahin
ten/ das es Menschliche gedancken/ Segen
loben heisse. Paulus leret vns ja Rom. 4.
Gottes nennen oder ruffen heisse/ da er spri
Gott ruffet/ oder nennet/ das da nicht ist/
es sey/ Also redet hie Jreneus auch von G
nennen/ oder ruffen. Vnd bald darnach.
sind nu diese drey Stück im Abendmal nach
neus meinung/ das erst ist *vocatio Dei*, das A
oder nennen Gottes/ welchs ist/ da er spri
das ist mein Leib/ Durch das nennen oder n
wird das Brod (spricht Er) Eucharistia
Sacrament/ also das das Brod nu zwei
ding ist/ da es zuuor schlecht Brod vnd ein
war/ zuuor eitel jrdisch/ nu aber beide jr
vnd Himlisch/ Was das Himlisch sey/ s
vns die Schwermer anzeigen/ wens nicht
solle das jennige/ das im nennen oder G
Wort wird angezeigt/ da er spricht/ das ist
Leib/ etc.

  Wan nu konten hundert Tausent B
voll anderer Sprüche/ aus den Vetern zu

men geschrieben werden / welche man suß oder so deüten könne / So bleibet gleichwol diß veste vnd vnumbgestossen/ das die alte/ ware/ Heilige/ Christliche Kirche / vnd die alten Lerer haben geglеübet vnd geleret / wie wir / Gott lob vnd danck / noch mit der waren Heiligen Christlichen Kirchen glauben vnd Leren / das im Heiligen Abendmal zwey ding zusammen gegenwertig sein / gegeben vnd empfangen werden / Nemlichen Brod vnd der ware Leib Jesu Christi / Wein vnd das ware Blut JEsu Christi / Dann was nicht ist gegenwertig / dauon kan nicht gesagt werden / das daraus etwas bestehe.

 Im alten Testament das Pasche Lamb / Item das Manna / vnd das Wasser aus dem Stein / hetten bey sich / eine bedeutung von vnserm Herrn Jesu Christo / vnd waren Figuren vnd Zeichen / Aber diese bestunden nicht auß zweien dingen / sondern jeders war ein ding / vnd ein wesen / ob es wol eins andern Figur / Zeichen / vnd bedeutung war.

 Es stehen sonsten viel mehr klare zeügnisse in den Heiligen Vetern / damit sie diesen ihren / vnd der gantzen Heiligen Christlichen Kirchen Glauben / vnd Lere / vom Heiligen Abendmal bekennen / als sein diese.

Der alte Heillg Ignatius / welcher g
sen ist ein Discipel des Heiligen Apostels
Euangelisten Johannis / hat zu seinen zeite
straffet die Ketzer / welche verleugneten / das
Sacrament des Heiligen Abendmals / were
Fleisch Jesu Christi onsers Heilands / so vo[r]
sere Sünde hat gelitten / vnd vom Vater w[ider]
Aufferweckt ist. So hat er ja / mit der Heil[igen]
Christlichen Kirchen / domals gleübet / vnd
vom Heiligen Apostel vnd Euangelisten Jo[han]
nes gelernet / das das Heilige Sacrament
Abendmals / sey der ware Leib Jesu Christi.

  Justinus Martyr sagt. Wir haben ge[ler]
net / das die Heilige Speise / welche wir im [Hei]
ligen Abendmal empfangen / sey des HErrn [Je]
su Christi Fleisch vnd Blut / Dann die Ap[ostel]
haben also geleret / das jhnen Jesus also be[foh]
len habe / Als Er das Brod nam vnd danck[t]
habe Er gesagt / das thut zu meinem gedechtn[is]
das ist mein Leib. Deßgleichen als er den K[elch]
nam vnd danckte / habe Er gesagt / das ist m[ein]
Blut.

  Athanasius vnd Chrysostomus sagen/[das]
Blut das im Kelch ist / vnd auß dem Kelch
truncken wird / sey das / welchs aus Christus [sei]
ten geflossen ist. Es saget auch Chrysosto[mus]

al

also. Des Herrn Wort kan nicht triegen/ oder falsch sein/ vnser Sinn kan leichtlichen betrogen werden/ derhalben weil Er gesagt hat/ das ist mein Leib/ sa lasset vns gar nicht zweiffeln/ sondern gleüben.

Hieronymus. Lasset vns hören das das Brod/ welchs der HErr gebrochen/ vnd seinen Jüngern gegeben hat/ sey der Leib des Herrn vnsers Heilandes/ wie er zu vns sagt/ Nemet hin/ Esset/ das ist mein Leib/ Vnd das der Kelch sey der/ von welchem Er gesagt hat/ Trincket alle daraus/ das ist mein Blut des Newen Testaments.

Augustinus. Das empfanget im Brod/ das am Creütz gehengt hat/ vns das empfanget im Kelche/ das aus Christus Seiten ausgegossen ist.

Cyrillus. Zweiffele nicht/ ob es war sey/ das Er sagt/ das ist mein Leib/ Sondern halte die Wort onsers Heilands im Glauben/ Dann weil Er ist die warheit so leüget Er nicht.

Diese Zeügnisse sind gnug in dieser kurtzen Schrifft/ vor einen frommen einfeltigen Christen/ der da begert zu wissen/ die rechte warheit/ ohne allen betrug vnd argelist/ von der Lere vnd Glauben der alten waren Christlichen Kirchen/
vnd

vnd der alten Lerer / von dem Heiligen A[bend]
mal vnsers lieben Herrn Jesu Christi.

Nu ist eins noch nötig auch zu erinne[rn]
das der Heilig Apostel S. Paul / 1. Cor[inther]
ein vnterscheid machet zwischen den / die sich
prüfen / vnd also dieses Abendmals vnsers H[errn]
Jesu Christi geniessen / vnd den jenigen / w[elche]
diß Abendmal vnwirdiglichen empfangen.

Der Mensch (sagt er) prüfe sich selbs,
also Esse er von diesem Brod / vnd Trincke
diesem Kelch / Denn welcher vnwirdig isset,
Trincket / der Isset vnd Trincket jhme selbst
Gericht / damit das Er nicht vnterscheidet
Leib des Herrn.

Diese aber sind die jennigen / welche
selbst prüfen / die in warer Busse sich erke[nnen]
vor arme Sünder / vnd fülen jhren Hunger
Dürst / zur vergebung der Sünden / vnd
halben zu dem Tische des Herrn kemen / in
rein Glauben der Wort vnd zusage / das ist [der]
Leib der vor euch gegeben wird / das ist [das]
Blut des Newen Testaments / das vor euch
gossen wird / zur vergebung der Sünden. S[o]
den Worten (sagt Lutherus) gleubet / der
was sie sagen / vnd wie sie lauten / Nemlich [ver]
gebung der Sünden.

So

Solche werden derhalben wirdige Geste des Heiligen Abendmals/ vnsers lieben HErrn JEsu Christi genennet/ nicht das sie jhrer Heiligkeit oder verdienstes halben/ dieser grossen Gnad/ vnd herlicher Speise vnd Tranck/ des Leibs vnd Bluts JEsu Christi/ wirdig sind/ Sondern wie ein Arm Kranck vnd verwundter Mensch/ der seine Kranckheit vnd schmertzen fület/ vnd nach hülff des Artzten schreiet/ vnd geilet/ der Artzeney wirdig ist/ darumb das der liebe gnedige Gott/ vor solche arme Elende vnd Krancke Menschen die Artzeney geschaffen vnd gegeben hat. Denn der Artzt ist nicht den Gesunden/ sondern den Krancken nötig.

Vnwirdige Geste des Heiligen Abendmals sind die jennigen/ welche ohne ware Busse vnd Glauben zum Tische des Herrn gehen.

Nu sagt aber der heilige Geist/ durch den Apostel S. Paul/ das sie beide/ wirdige vnd vnwirdige/ Essen von diesem Brod/ vnd Trincken auß dem Kelch des Herrn/ das ist/ beide Essen von diesem Brod/ dauon vnser HErr JEsus Christus gesprochen hat/ Esset das ist mein Leib/ der vor euch gegeben wird/ Vnd beide Trincken auß diesem Kelch/ dauon vnser HErr Christus gesprochen hat/ Trincket alle daraus/ das ist der

e

Kelch

Kelch des newen Testaments / in meinem B
das vor euch vergossen wird / zur vergebung
Sünden.

Das sint klare Wort / die sich nicht la
anders deuten / als sie lauten / darumb wir a
mit der waren Christlichen Kirchen / hieaus n
anders verstehen / vnd schliessen können / als
alle die jennige / welche zum Tisch des Herrn
hen / sie sein wirdige oder vnwirdige / S. P
oder der Verreter Judas / empfangen mit ih
Munde einerley Sacrament / Nemlichen n
allein Brod vnd Wein / sondern auch den
vnd Blut vnsers Herrn Jesu Christi.

Dan gleich wie des Herrn JEsu Ch
Wort / das ist mein Leib / war ist / von dem
cke Brodts / das S. Peter empfanget / vnd i
also ist dasselbige Wort auch war / von dem s
Brodts / das der Verreter Judas empfa
vnd isset.

Vnd gleich wie diß Wort des Herrn J
sti / das ist mein Blut / war ist / von dem T
cke den S. Peter auß dem Kelche des H(
trincket / Also ist dasselbig Wort auch war /
dem Truncke / den der Verreter Judas auß l
selbigen Kelche trincket.

Aber da stehet der vnterscheid / der des

reters Judas sein Essen vnd Trincken vnterscheidet von des heiligen S. Peters Essen vnd Trincken/ Nemlichen/ Welcher vnwirdig von diesem Brod isset/ oder von dem Kelch des Herrn trincket/ der ist schüldig am Leib vnd Blut des Herrn/ Item/ Welcher vnwirdigen isset vnd Trincket/ der isset vnd Trincket jhme selbst das Gerichte/ damit das er nicht vnterscheidet den Leib des Herrn/ 1. Cor. 11.

Dagegen aber welcher wirdiglichen im Glauben Isset vnd Trincket/ zu des Herrn vnd seines Leidens vnd Todts gedechtniß/ der wird dem Herrn Jesu Christo eingeleibt/ vnd wird theilhafftig aller wolthaten vnd des gantzen verdienstes onsers lieben Herrn vnd Heilands Jesu Christi/ so er vns armen Sündern durch das Opffer seines Leibs/ vnd vergiessung seines Bluts erworben hat/ Nemblichen/ der vergebung der Sünden/ vnd des ewigen Lebens vnd Seligkeit/ nach laut dieser tröstlichen Wort/ Der vor euch gegeben ist/ das vor euch vergossen ist/ zur vergebung der Sünden.

In diesem verstand von der glaubigen Christen Niessung/ haben die alten Veter vnd Lerer/ recht vnd wol/ mit sonderlicher frewd vnd trost/ die herliche Predigt des Herrn Jesu Christi im

e ij   6. Capit.

6. Capit. Johannis / zu dem Heiligen Ab
mal gezogen / Wie dan ja ein frommer gleüb
Christe / sich dieser Trostreichen Predigten
Herrn sol erinnern / vnd getrösten / nicht a
so offt er in warem Glauben an den HErrn
sum / vnd seinen Tod vnd Blutuergiessen
dencket / das Heilig Euangelium mit Gla
lieset oder höret / vnd die Artickel / des Glaul
spricht / Sondern auch so offt er des Heil
Abendmals geneüsset.

 Nemblich / Ich bin (sagt der HErr
sus) das lebendige Brod vom Himel gekon
Wer von diesem Brod essen wird / der wird l
Ewiglich. Vnd das Brod das ich geben
de / ist mein Fleisch / welchs ich geben werd
das Leben der Welt. Wer mein Fleisch isset /
Trincket mein Blut / der hat das ewige Le
Vnd ich werd jhn am Jüngsten Tag wider
erwecken. Denn mein Fleisch ist die rechte S
se / vnd mein Blut ist der rechte Tranck /
mein Fleisch isset vnd mein Blut Trincket
bleibet in mir / vnd ich in jhme. Gleich als
gesand hat der lebendige Vater / vnd ich
vmb des Vaters willen / Also wer mich J
derselbige wird auch Leben vmb meinent wi
Dis ist das Brod das vom Himel gekomen

nicht als ewre Veter haben Manna gessen / vnd sind gestorben / Wer diß Brod isset der wird Leben in Ewigkeit.

Das wir ja in solchem waren Glauben mit der waren Heiligen Christlichen Kirchen das Heilig Abendmal vnsers lieben HErrn JEsu Christi halten / dazu verleihe vns der Himlischer Vater / vmb seines lieben Sohns willen / die gnad des Heiligen Geistes / Amen.

Vom Dritten Haubtpunct.

Er dritte Haubtpunct ist / ob zu gleich im Einfeltigem verstand war sind / das Heilig Testament vnsers lieben HErrn JEsu Christi / von seinem Heiligen Abendmal / vnd auch alle vnd jegliche Artickel des Heiligen Christlichen Apostolischen Symboli oder glaubens / Oder ob vmb der Artickel des Glaubens willen / die Wort des Heiligen Testaments Jesu Christi / Oder aber ob vmb des Testaments Jesu Christi willen / die Artickel vnsers Glaubens müssen in newe frembde deütunge vnd verstand / so der alten waren Apostolischen Christlichen Kirchen vnbekant gewest sein / gezogen vnd gezwungen werden / auff das also den / auß Menschlichen sinnen

sinnen erdichteten vnmügligkeiten/auch/d
Menschliche vernunfft erdichtete deütunge/
gekomen/vnd diß Heilige Testament Jesu C
sti/mit den Artickeln vnsers Christlichen G
bens vergleichet werden.

Auff diesen Punct gibt der Heilige E
Gabriel ein richtig antwort/mit dieser gew
Regel/Luc. j. *Non est impossibile apud Deum omne ve*
Bey Gott ist kein Wort vnmüglich. Nun ist
gewißlich war/das beide das Heilig Testan
vnsers lieben Herrn Jesu Christi/vnd auch
vnd jegliche Artickel vnsers Christlichen Apo
lischen Glaubens/Gotts Wort sind/Dar
sind sie vnter einander gnugsam vergleichet/
mit das weder im heiligen Testament Jesu C
sti/weder in den Heiligen Artickeln vnsers G
bens/nicht ein einig Wort ist das vnserm lie
Herrn Gott vnmüglich ist. Hiemit haben sie
ihrem einfeltigen glauben/wider alle gedan
von der vnmügligkeit/zufrieden gegeben die
lerheiligste Junckfraw Maria/die Hochgel
Mutter des Sons Gotts Jesu Christi/Lu
Vnd auch der heilige Vater Abraham/Rom
So ist ja billig/das wir vns auch mit einf
gem Glauben daran lassen genügen.

Dan lieber Herr Gott/was lesset sich d

die elende vorwitzige Menschliche vernunfft vnd weißheit bedüncken/ wo sie mit jhren deutungen vnd Flickwerck nicht zu hülffe keme/ so muste Gotts Wort/ oder im Testament Jesu Christi/ oder in den heiligen Artickeln vnsers Christlichen Glaubens/ vbel anlauffen/ vnd nicht bestehen können. Es stehet aber geschrieben/ Psal. 51. Gott bleibt recht in seinen Worten/ vnd vberwindet/ wan er gerichtet wird.

Mein frommer Christe bedencke doch was der Sohn Gotts auff solch flickwerck Menschlicher vernunfft antwortet. Der spricht also/ Matt. 22. Jr irret/ den ihr wisset die Schrifft nicht/ noch die krafft Gottes/ Vnd Matt. 9. Niemand flicket ein alt Kleid/ mit einem Lappen von newem Wande/ den der Lappe reisset doch wieder von dem Kleide/ vnd der Riß wird erger. Es meinen die Elenden Flickers auff allen seiten/ das der ein nach dem andern/ wolle das Heilige Testament Jesu Christi/ oder auch die Heiligen Artickel vnsers glaubens/ mit einem newen Lappen seiner erdichteten deütunge flicken/ Es sollen aber solche Flickers wissen/ Das gleich wie die Kleider der Kinder von Israhel in der Wüsten nicht verschliessen/ biß das sie ins zugesagte Land kemen/ Also wird auch das alte Kleid vnsers alten

ten Heiligen Christlichen Glaubens / an
nicht verschliessen in einigem punct oder Arti(ckel)
Dan es ist ein starck vnd vest Kleid / das auch
den Pforten der Hellen nicht kan werden
rissen / Darumb hat die Heilige Christliche (Kir)
che solches flickwercks / vnd newer Lappen n(icht)
von nöten / das damit das Heilige Testam(ent)
Jesu Christi oder die heiligen Artickel des Chri(st)
lichen Glaubens sollen geflicket oder gela(ppt)
werden. Jhnen aber / Nemblich solchen (Fli)
ckern / weil sie allbereit durch jhren Vnglau(ben)
sich selbst einen Riß in das Heilig Testam(ent)
Christi vnd die Heiligen Artickel des Glaub(ens)
gemacht haben / ist wol zu raten / das sie a(n)
hen sich zum rechten waren Glauben wiederu(mb)
zu bekeren/ oder sie werden mit jhren newen L(ap)
pen / beide das Heillge Testament Jesu Chri(sti)
vnd auch die heiligen Artickel des Christlic(hen)
Glaubens / gantz vnd gar sich selbst zureiss(en)
das sey jhnen zur getrewen warnung gesagt.

Du aber mein frommer Christe / wan(n du)
höreft oder liseft wie die vorwitzige Mensch(en)
durch jhre vnglaubige Fleischliche vernunfft (vnd)
weißheit / das heilig Testament JEsu Chri(sti)
vnd die heiligen Artickel vnsers Christlic(hen)
Glaubens meistern / richten / vnd flicken / (so)
geden(cke)

gedencke du mit einfaltigem Glauben an die Spruch des Heiligen Apostels / 1. Cor. 1. Das vnser Glaube nicht bestehet auff Menschen weißheit / sondern auff Gottes krafft / Item das geistliche sachen müssen Geistlich gerichtet werden / dan der natürliche Mensch vernimpt nichts vom Geist Gotts / Es ist ihm eine Torheit / vnd kan es nicht erkennen / denn es muß Geistlich gerichtet sein.

Demnach so folge du mein frommer Christe / in deinem einfeltigen Glauben dem Exempel des Heiligen Vaters Abrahams / Rom. 4. Das ist / Laß dich durch vorwitzige Disputation vnd deütunge dahin nicht bringen / das du omb dieser oder jener erdichtete vnmüglicheit willen / anfahest durch Vnglauben an dem Heiligen Testament des HErrn Jesu Christi / oder an einigem Artickel vnsers Heiligen Christlichen Glaubens zu zweiffeln / Sondern sey / durch hülff vnd gnad des Heiligen Geistes / starck im glauben / vnd gib Gott die Ehre / das du auffs aller gewisseft wissest / das / was Gott verheisset das kan er auch thun / vnd das bey Gott kein Wort vnmüglich ist.

Also mein frommer Christe soltu dich durch beystand des Heiligen Geistes / aller vorwitzigen
Dispu-

Disputation vnd gezencken entschlagen /
beide im Heiligen Testament deß Abendmal[s]
[s]ers lieben HErrn JEsu Christi / vnd auch i[n]
[al]len vnd jeglichen Artickeln vnsers Heiligen G[ött]
[ö]tlichen Glaubens (von den zweien Natur[en]
der einigen Person Jesu Christi/ Von des H[errn]
JEsu Christi Erniederung vnd Erhöhung /
seiner Heiligen Empfengnuß / Geburt / Le[iden]
Sterben / Aufferstehung / Auffart / vnd [sitzen]
zur Rechten Hand seines Himlischen Vat[ers]
vnd seiner herlichen Zukunfft zu richten di[e Le]-
bendigen vnd Todten) mit einfaltigem Gla[uben]
bleiben bey dem reinen waren Wort Gotts /
bey warem simpeln verstande / welchen der [Hei]-
lige Geist / der ein Geist der warheit ist / v[nd in]
alle Warheit leitet / durch die lieben Heilige[n A]
postel hat geflantzet / vnd allezeit in der w[aren]
Christlichen Kirchen erhalten hat.

Dauon laß dich nicht durch einiges M[ensch]
schen Weißheit abfüren / weder zu Zwingli[-]
schen / oder auch zu Nestorianischen / Euty[chia]
nischen oder anderen Irthumen / so lieb al[s dir]
ist die ewige Seligkeit / Denn es sagt der [Heili]
ge Geist durch den Heiligen Apostel S. Jo[han]
nes diesen ernstlichen Spruch. Wer abtrit[t vnd]
bleibt nicht in der Lere Christi / der hat ke[inen]

Gott. Wer in der Lere Christi bleibt / der hat den Vater vnd den Sohn / vnd der hat also mit dem Vater vnd Sohn auch den Heiligen Geist / Die liebe Heilige Treifaltigkeit gelobet in Ewigkeit / Amen.

Mit dieser Erklerung auff diesen dritten punct / stimmen vberein / diese Wort des Gottsaligen Vaters Lutheri / an die Schweitzer. Wir bleiben fest bey den Artickeln vnsers Glaubens / Auffgefaren gen Himel / sitzend zur Rechten Gottes / zukünfftig / etc. Vnd lassens Göttlicher Allmechtigkeit befohlen sein / wie sein Leib vnd Blut im Abendmal vns gegeben werde / wo man aus seinem befehl zusamen kompt / vnd seine Einsatzung gehalten wird. Wir gedencken da keiner Auffart / oder Niederfart / die da solt geschehen / Sondern bleiben schlechts vnd einfeltig bey den Worten / das ist mein Leib / das ist mein Blut. Vnd bald darnach im selben Buch. Kan Christus Leib vber Tisch sitzen / vnd dennoch im Brod sein / So kan er auch im Himel / vnd wo er wil sein / vnd dennoch im Brod sein.

Endlichen mein frommer Christe / soltu in diesem vnd allen andern vorwitzigen disputation / so aus Menschlicher vernunfft / vnd weißheit / gegen Gottes Wort / vnd onsern waren Christlichen

lichen glauben herfür gebracht werden/ T
getrewe Apostolische Vermanung betrach[t]
1. Cor. 2. Meine Wort vnd meine Predigt
nicht in vernunfftigen reden Menschlicher w[eiß]
heit/ Sondern in beweisung des Geists vn[d]
Krafft/ auff das ewer Glaube bestehe nicht [auff]
Menschen weißheit/ sondern auff Gotts kr[afft]
Item/ Wir haben nicht empfangen den G[eist]
der Welt/ sondern den Geist aus Gott/ das [wir]
wissen können/ was vns von Gott gegeben [ist]
Welchs wir auch Reden nicht mit Worten [wel]
che Menschliche weißheit leren kan/ Son[dern]
mit Worten die der Heilige Geist leret/ [vnd]
richten geistliche sachen Geistlich. Der na[tür]
liche Mensch aber/ vernimpt nichts vom G[eist]
Gottes/ Es ist jhme eine Torheit/ vnd ka[n es]
nicht erkennen/ denn es muß geistlich geric[htet]
sein. Der Geistliche aber richtet alles/ vnd [wird]
von Niemand gerichtet. Denn wer hat [des]
Herrn Sinn erkandt? oder wer wil jhn v[nter]
weisen? Wir aber haben Christus Sinn.

Was aber geistliche sachen geistlich [rich]
ten heisset/ das hastu mein frommer Christ[en]
höret aus der Regel des Engels Gabriel/ [Bey]
Gott ist kein Wort vnmüglich/ Vnd aus [dem]

Ex

Exempel des Heiligen Vaters Abraham / Rom. 4. Abraham hat gegleubet auff Hoffnung / da nichts zu hoffen war / auff das er würde ein Vater vieler Heiden / wie dan zu jhm gesagt ist / Also soll dein Same sein. Vnd er ward nicht schwach im glauben / sahe auch nicht an seinen eigen Leib / welcher schon erstorben war / weil er fast Hundert Jerig war / Auch nicht den erstorben Leib der Sara. Denn er zweiffelt nicht an der verheissung Gottes / durch vnglauben / Sondern ward starck im glauben / vnd gab Gott die Ehre / vnd wüste auffs aller gewissest / das / was Gott verheisset / das kan er auch thun.

Sihe mein frommer Christe / das heisset geistliche sachen / nicht nach Menschlicher vernunfft vnd weißheit / sondern geistlich richten / verstehen vnd deuten. Deme folge du auch / vnd sprich mit einfeltigem vnzweiffelhafftigem glauben. Gleich als ich dis auffs aller gewissest weiß / das vnser lieber Herr Jesus Christus / ist des Lebendigen Gottes Sohn / Also weiß ich auch auffs aller gewissest / das dieser warhafftige Almechtiger Sohn Gotts / halten vnd thun kan / Ja haltet vnd thut an allen örten vber die gantze Welt

Welt/ wo sein Abendmal nach seiner Einsetzu
gehalten wird / das jennige/ das er in sein
Heiligen Testament des Abendmals spricht v
verheisset/ mit diesen seinen eigenen warhaff
gen Worten. Esset das ist mein Leib/ der v
euch gegeben wird/ Trincket alle daraus/ das
mein Blut des Newen Testaments/ das vor eu
vergossen wird zur vergebung der Sünden/ L
ich den wol mit meinen Augen nicht sehen ka
vnd mit meiner vernunfft nicht begreiffen ka
die weise vnd masse wie solchs geschicht / S
glaube ich doch ohn allen zweiffel/ das es an
len örten der Welt im Heiligen Abendmal JE
Christi also ist vnd geschicht/ wie des warha
tigen Almechtigen Sohns Gottes JEsu Chri
vnsers Herrn seine warhafftige Wort/ in seine
Heiligen Testament lauten / welchs er mit s
nem Tod vnd Blutuergiessen hat bestetiget v
bekrefftiget.

Bey diesem einfaltigem Glauben vnd Le
wolle vns vnd alle fromme Christen/ der lie
Himlischer Vater/ vmb seines lieben Sohns J
su Christi willen/ durch die gnad vnd hülff d
Heiligen Geistes bestendiglichen erhalten / d

wir ja mit vnserm einfaltigem Glauben / beide im Heiligen Testament JEsu Christi / vnd auch in allen vnd jeglichen Artickeln vnsers Christlichen glaubens / dem lieben warhafftigem Allmechtigem Gott / diese Ehre geben / das wir auffs aller gewisseft wissen / das Gott thun kan / alles was er redet vnd zusaget / vnd das bey jhm kein Wort vnmüglich ist.
AMEN.

Getruckt zu Schleszwig / durch Nicolaum Wegener.

www.ingramcontent.com/pod-product-compliance
Lightning Source LLC
Chambersburg PA
CBHW031355230426
43670CB00006B/552